SER PROFESSOR
CONTEXTOS, DESAFIOS E PERSPECTIVAS DA PRÁTICA DOCENTE

Editora Appris Ltda.
1.ª Edição - Copyright© 2024 dos autores
Direitos de Edição Reservados à Editora Appris Ltda.

Nenhuma parte desta obra poderá ser utilizada indevidamente, sem estar de acordo com a Lei nº
9.610/98. Se incorreções forem encontradas, serão de exclusiva responsabilidade de seus organi-
zadores. Foi realizado o Depósito Legal na Fundação Biblioteca Nacional, de acordo com as Leis nos
10.994, de 14/12/2004, e 12.192, de 14/01/2010.

Catalogação na Fonte
Elaborado por: Josefina A. S. Guedes
Bibliotecária CRB 9/870

S481s 2024	Ser professor: contextos, desafios e perspectivas da prática docente / Thais Nascimento de Araujo (org.). – 1. ed. – Curitiba: Appris, 2024. 187 p. : il. ; 23 cm. – (Coleção Educação, Tecnologias e Transdisciplinaridades).
	Vários autores. Inclui referências. ISBN 978-65-250-6898-5
	1. Educação. 2. Docência. 3. Prática. I. Araujo, Thais Nascimento de (org.). II. Título. III. Série.
	CDD – 371.102

Livro de acordo com a normalização técnica da ABNT

Appris
editora

Editora e Livraria Appris Ltda.
Av. Manoel Ribas, 2265 – Mercês
Curitiba/PR – CEP: 80810-002
Tel. (41) 3156 - 4731
www.editoraappris.com.br

Printed in Brazil
Impresso no Brasil

Thais Nascimento de Araujo
(org.)

SER PROFESSOR

CONTEXTOS, DESAFIOS E PERSPECTIVAS DA PRÁTICA DOCENTE

Appris
editora

Curitiba, PR

2024

FICHA TÉCNICA

EDITORIAL   Augusto Coelho
            Sara C. de Andrade Coelho

COMITÊ EDITORIAL   Ana El Achkar (Universo/RJ)   Lucas Mesquita (UNILA)
                   Andréa Barbosa Gouveia (UFPR)   Márcia Gonçalves (Unitau)
                   Antonio Evangelista de Souza Netto (PUC-SP)   Maria Aparecida Barbosa (USP)
                   Belinda Cunha (UFPB)   Maria Margarida de Andrade (Umack)
                   Délton Winter de Carvalho (FMP)   Marilda A. Behrens (PUCPR)
                   Edson da Silva (UFVJM)   Marília Andrade Torales Campos (UFPR)
                   Eliete Correia dos Santos (UEPB)   Marli Caetano
                   Erineu Foerste (Ufes)   Patrícia L. Torres (PUCPR)
                   Fabiano Santos (UERJ-IESP)   Paula Costa Mosca Macedo (UNIFESP)
                   Francinete Fernandes de Sousa (UEPB)   Ramon Blanco (UNILA)
                   Francisco Carlos Duarte (PUCPR)   Roberta Ecleide Kelly (NEPE)
                   Francisco de Assis (Fiam-Faam-SP-Brasil)   Roque Ismael da Costa Güllich (UFFS)
                   Gláucia Figueiredo (UNIPAMPA/ UDELAR)   Sergio Gomes (UFRJ)
                   Jacques de Lima Ferreira (UNOESC)   Tiago Gagliano Pinto Alberto (PUCPR)
                   Jean Carlos Gonçalves (UFPR)   Toni Reis (UP)
                   José Wálter Nunes (UnB)   Valdomiro de Oliveira (UFPR)
                   Junia de Vilhena (PUC-RIO)

SUPERVISORA EDITORIAL   Renata C. Lopes

PRODUÇÃO EDITORIAL   Adrielli de Almeida

REVISÃO   Simone Ceré

DIAGRAMAÇÃO   Kananda Ferreira

CAPA   Lucielli Trevizan

REVISÃO DE PROVA   William Rodrigues

COMITÊ CIENTÍFICO DA COLEÇÃO EDUCAÇÃO, TECNOLOGIAS E TRANSDISCIPLINARIDADE

DIREÇÃO CIENTÍFICA   Dr.ª Marilda A. Behrens (PUCPR)   Dr.ª Patrícia L. Torres (PUCPR)

CONSULTORES   Dr.ª Ademilde Silveira Sartori (Udesc)   Dr.ª Iara Cordeiro de Melo Franco (PUC Minas)

Dr. Ángel H. Facundo
(Univ. Externado de Colômbia)   Dr. João Augusto Mattar Neto (PUC-SP)

Dr.ª Ariana Maria de Almeida Matos Cosme   Dr. José Manuel Moran Costas
(Universidade do Porto/Portugal)   (Universidade Anhembi Morumbi)

Dr. Artieres Estevão Romeiro
(Universidade Técnica Particular de Loja-Equador)   Dr.ª Lúcia Amante (Univ. Aberta-Portugal)

Dr. Bento Duarte da Silva
(Universidade do Minho/Portugal)   Dr.ª Lucia Maria Martins Giraffa (PUCRS)

Dr. Claudio Rama (Univ. de la Empresa-Uruguai)   Dr. Marco Antonio da Silva (Uerj)

Dr.ª Cristiane de Oliveira Busato Smith   Dr.ª Maria Altina da Silva Ramos
(Arizona State University /EUA)   (Universidade do Minho-Portugal)

Dr.ª Dulce Márcia Cruz (Ufsc)   Dr.ª Maria Joana Mader Joaquim (HC-UFPR)

Dr.ª Edméa Santos (Uerj)   Dr. Reginaldo Rodrigues da Costa (PUCPR)

Dr.ª Eliane Schlemmer (Unisinos)   Dr. Ricardo Antunes de Sá (UFPR)

Dr.ª Ercilia Maria Angeli Teixeira de Paula (UEM)   Dr.ª Romilda Teodora Ens (PUCPR)

Dr.ª Evelise Maria Labatut Portilho (PUCPR)   Dr. Rui Trindade (Univ. do Porto-Portugal)

Dr.ª Evelyn de Almeida Orlando (PUCPR)   Dr.ª Sonia Ana Charchut Leszczynski (UTFPR)

Dr. Francisco Antonio Pereira Fialho (Ufsc)   Dr.ª Vani Moreira Kenski (USP)

Dr.ª Fabiane Oliveira (PUCPR)

SUMÁRIO

INTRODUÇÃO 7

INDISCIPLINA, DESINTERESSE E VIOLÊNCIA NO AMBIENTE
ESCOLAR: DESAFIOS E PERSPECTIVAS 13
Thais Nascimento de Araujo

OS DESAFIOS DO ENSINO HÍBRIDO 35
Thaís Mota Batista Teixeira

A DIFICULDADE DE AVALIAR: UM RELATO PESSOAL DO PROCESSO
DE SER PROFESSOR E DE SER APRENDENTE DA AVALIAÇÃO 51
Patrícia Sousa de Souza

AVALIAÇÃO ESCOLAR: UM ESTUDO SOBRE A PRÁTICA AVALIATIVA
NA ESCOLA – O QUE PERMANECE E O QUE MUDOU? 73
Maria Jerônimo Ribeiro do Nascimento

DO GÊNERO À PRÁXIS: DESAFIOS DA PRÁTICA DOCENTE
NA EDUCAÇÃO FÍSICA ESCOLAR, SOB O OLHAR HISTÓRICO,
SOCIAL E CULTURAL DE PAPÉIS DE GÊNERO 97
Eduarda Ferreira Zacarias Silva

LAICIDADE NA EDUCAÇÃO INFANTIL: ATÉ ONDE É POSSÍVEL? ... 129
Edinaide Gomes Pimentel

O NÃO LUGAR DO ENSINO RELIGIOSO 149
Thais Nascimento de Araujo

A EDUCAÇÃO COMO HERANÇA FAMILIAR: TAFICO E ITAJUMA ... 155
Marcelo de Araújo Eliseu

ANEDOTA DE GEOMETRIA: A RELEVÂNCIA DO DIÁLOGO
MULTIDISCIPLINAR 159
Marcelo de Araújo Eliseu

A IMPORTÂNCIA DA LUDICIDADE NO APRENDIZADO:
UMA EXPERIÊNCIA COM A EDUCAÇÃO INFANTIL 163
Tamyres Jerônimo Andrade

FAMÍLIA, ESCOLA E ALUNO: PARA ALÉM DA SALA DE AULA 175
Michele Kiffer Coelho Cruz

SOBRE OS AUTORES.. 185

INTRODUÇÃO

Pensar a educação é um projeto contínuo de educadores, instituições e governos. Enquanto alguns acreditam em respostas que virão com os adventos tecnológicos e novos aparatos informacionais, outros fazem um caminho inverso – de retomada de metodologias e métodos já consagrados e testados.

Atualmente, vemos, no mundo, escolas e pais que buscam o retorno ao lúdico, à inserção da criança ao mundo material e real, ao mesmo tempo que verificamos altos investimentos em metodologias ativas, dentre outras, como resposta a algo que a educação ainda não conseguiu "dar conta".

Estudos empíricos demonstram que a questão da educação é complexa e não acabada. Enfrentamos novos desafios, principalmente devido ao advento das novas tecnologias de comunicação e informação. Cada vez mais, torna-se desafiador envolver crianças, adolescentes e jovens, imersos em mundos digitais, distantes e desconectados do mundo real, superestimulados por imagens e sons, e isolados em suas bolhas de relacionamentos virtuais.

Profissionais enxergam a necessidade de resgate do papel da família e de responsáveis no processo de aprendizagem, com ampliação da participação destes, a fim de que novas bases e um novo horizonte surjam em meio ao caos que estamos vivenciando. A necessidade de diálogos entre áreas do conhecimento e o envolvimento de múltiplos profissionais também são apontados como tendência para a educação, devido às demandas relacionadas à saúde mental de alunos e professores, às questões socioemocionais e socioeducativas.

Foi pensando em todas essas problemáticas desafiadoras que os autores reuniram-se com um objetivo comum, o de eleger uma questão dentre as muitas que poderiam ser abordadas, aquela que mais os toca em seus afazeres diários de educadores. Dessa forma, o livro "**SER PROFESSOR: contextos, desafios e perspectivas da prática docente**" inicia-se apresentando o desafio de lidar com questões de indisciplina, o desinteresse no aprender e a violência nas suas diferentes formas, incluindo a abordagem sobre o *bullying*, racismo e automutilação. Em "**INDISCIPLINA, DESINTERESSE E VIOLÊNCIA NO AMBIENTE ESCOLAR: desafios e perspectivas**", a autora Thais de Araujo apresenta resultados de sua pesquisa realizada em seis diferentes escolas das redes pública e privada, no estado do Rio de

Janeiro, onde a partir do diálogo e da aplicação de questionários entre alunos e profissionais envolvidos, buscaram-se respostas para o desinteresse dos alunos, as causas da crescente violência e suas formas e, ainda, a indisciplina generalizada que tem levado docentes a desistirem de suas profissões.

Thaís Mota traz, em seu texto "OS DESAFIOS DO ENSINO HÍBRIDO", reflexões acerca de novos modelos de ensino-aprendizagem, em um contexto pós-pandêmico, mas que se firmaram como metodologias de ensino. Ao longo do estudo, a autora abordou as principais metodologias disponíveis, as vantagens e desvantagens, os equívocos e as perspectivas de um ensino híbrido, como resposta a um novo modelo de escola e de ensino.

Em "A DIFICULDADE DE AVALIAR: um relato pessoal do processo de ser professor e de ser aprendente da avaliação", a professora Patrícia Sousa de Souza, em seu relato emocionante, apresenta a construção de um texto que aborda desde o nascer de um professor em seu talento nato, mas que se depara com uma dura realidade do fazer docente e que se questiona acerca da própria capacidade de ser professor. Ao chegar em uma escola não convencional – no sistema penitenciário – e com a missão de avaliar, sob critérios já bem definidos, alunos diversos e com diferentes históricos de vida, o resultado é o renascimento de um professor e o restabelecimento de sua autoestima.

A professora Maria Jerônimo Ribeiro do Nascimento aborda um dos temas mais debatidos nas últimas décadas, no texto "AVALIAÇÃO ESCOLAR: um estudo sobre a prática avaliativa na escola – o que permanece e o que mudou?". Em uma revisão crítica, a autora apresenta os principais métodos avaliativos e seus propósitos estabelecidos.

Em tempos em que questões de gênero estão no bojo das discussões, inclusive no dia a dia do educador físico, a autora Eduarda Ferreira Zacarias Silva apresenta, em seu texto "DO GÊNERO À PRÁXIS: desafios da prática docente na educação física escolar, sob o olhar histórico, social e cultural de papéis de gênero", uma revisão histórica da Educação Física como disciplina acadêmico-escolar e as conquistas das mulheres em seus direitos à prática. O texto ainda busca explorar métodos de inclusão de alunos às práticas da disciplina.

Edinaide Gomes Pimentel, em texto "LAICIDADE NA EDUCAÇÃO INFANTIL: até onde é possível?", aborda um tema ao mesmo tempo fundamental, necessário e polêmico. O texto perpassa pela construção histórica do Brasil, dos aspectos multiculturais da sociedade brasileira e de um "pseudo" Estado laico, defendido e debatido por juristas, governantes e educadores.

Thais de Araujo, em seu texto **"O NÃO LUGAR DO ENSINO RELI-GIOSO"**, traz uma reflexão sobre a difícil arte de ser professor de Ensino Religioso, cujo ofício ocupa um espaço ainda não definido. O não lugar é uma categoria de espaço da qual, por empréstimo da Geografia, nos apropriamos para explicar se ainda há "espaço" para essa disciplina hoje!

Entendendo que a Educação inicia-se ainda no seio familiar, Marcelo de Araújo Eliseu apresenta duas crônicas que resgatam o papel da família, as memórias afetivas e o ensino que deixa marcas por toda uma vida. **"A EDU-CAÇÃO COMO HERANÇA FAMILIAR: Tafico e Itajuma"** e **"ANEDOTA DE GEOMETRIA: a relevância do diálogo multidisciplinar"**, de forma emocionante, são apresentadas como uma melodia bem composta e afinada, um poema, cujo pano de fundo é um lugar rústico, familiar e de memórias.

Tamyres Jerônimo Andrade, em seu texto **"A IMPORTÂNCIA DA LUDICIDADE NO APRENDIZADO: uma experiência com a educação infantil"**, apresenta a importância do lúdico na educação infantil, ao mesmo tempo que resgata um tema que está sendo mais amplamente valorizado, com esforços de resgate e retorno.

A professora Michele Kiffer, em seu texto intitulado **"FAMÍLIA, ESCOLA E ALUNO: para além da sala de aula"**, apresenta um contexto socioafetivo, criado pelas famílias, com reflexões no desempenho escolar do educando. Em sua pesquisa, a autora registra frases de mãe, de pai e de avós, e busca identificar reflexos no desenvolvimento de seus alunos, a partir da observação dos aspectos relacionados à autoestima e ao desenvolvimento cognitivo e às relações interpessoais.

Conversa de Professor

São 35 anos de magistério, mas nunca esteve como está.

Nunca vi tanto desleixo e tanto recurso a usar.

Em casa ainda, arrumando-me, bate a vontade de ficar.

Sento, olhar perdido, ..., vou não vou, vai não vai?!

Sim, lá vamos! Coragem!

Ao entrar na sala, ainda dos professores

Ouvimos lamentos infindos

De colegas de tempos

e novos recém-chegados.

Desesperança e calafrios.

Despontam por todo lado

A conversa começa assim

Bem que o tempo mudou drasticamente

Ninguém quer saber mais de nada.

Nem ouvir um pouco a gente.

Foi tempo que aluno respeitava

Honrava o nosso ofício.

Agora tá tudo meio perdido.

Até termos "um fim" para isso.

Ainda resta esperança?

Há uma luz no fim do túnel?

Vontade que tudo voltasse ao prumo!

Mas o tempo que foi não volta,

Nem professor se tem como antigamente.

Perdemos um pouco o rumo da prosa;

O jeito sem jeito de dar aula.

O jeito sem jeito de ouvir da gente.

Será que ainda sou professor?

Bate dúvida se ainda sou capaz.

Chega até um desespero!

Síndrome do Pânico, Burnout,

Enquanto no diagnóstico:

– Ansiedade, o médico diz.

E o fracasso, que volta e meia

Paira sobre a minha cabeça.

O que falta fazer?

O que preciso mudar?

Se souber a resposta,

não tarde em me contar.

(Thais Araujo)

12

INDISCIPLINA, DESINTERESSE E VIOLÊNCIA NO AMBIENTE ESCOLAR: DESAFIOS E PERSPECTIVAS

Thais Nascimento de Araujo

INTRODUÇÃO

A pesquisa intitulada *Indisciplina, Desinteresse e Violência no Ambiente Escolar: Desafios e Perspectivas* representou uma abordagem necessária para o momento em que diversas Instituições de Ensino, tanto públicas como privadas, vêm buscando respostas para tais questões. Em um levantamento com docentes de uma escola de Niterói foi feita a seguinte pergunta: qual o maior desafio de ser professor nos dias atuais? Quarenta e oito por cento dos profissionais responderam "Indisciplina", 33% "Desinteresse" e 10% "Violência". Essas respostas fomentaram o objeto da pesquisa, principalmente pela urgência de medidas e estratégias a serem tomadas, visto que o quadro apresentado é preocupante e alarmante.

As escolas vêm se tornando um espaço de distintos conflitos que merecem atenção e ação. Dados estatísticos apontam que a violência contra professores e contra alunos vem crescendo significativamente no Brasil e no mundo, ano após ano. Paralelamente, o *bullying*, a intolerância, o racismo, casos de autoflagelação, vandalismo, agressão, dentre outras queixas e ocorrências, têm tomado os espaços de escolas e substituído espaços de vivência e de socialização sadia, por espaços de tensão. A pergunta é: o que fazer ante os desafios apresentados? E como fazer?

A violência que ocorre nos ambientes escolares não pode ser explicada em si mesma ou, simplesmente, pelo desencadeamento de ações de "indisciplina" nas escolas. Veremos que o fenômeno carrega na atualidade uma série de multifatores desencadeantes, devendo suas explicações e soluções ser esclarecidas. Trazer a luz para o cenário enfrentado por diretores, coordenadores, professores, funcionários, pais e alunos é o primeiro passo. A sensação generalizada é de que algo não está correndo em sua normalidade!

O FENÔMENO DA INDISCIPLINA

A indisciplina, de acordo com Rodrigues (2022), é apontada há décadas como um dos maiores desafios enfrentados no ambiente escolar, por docentes e demais profissionais. Entretanto, o que chama a atenção é que, segundo o autor, esse fenômeno vem se agravando ano após ano, não parecendo ter surgido uma medida que desse conta ou mudasse o cenário apresentado.

Apesar de a indisciplina ser uma crescente, é considerada um fenômeno contemporâneo que vem acompanhando o processo de escolarização desde os seus primórdios. Entendida como um fenômeno multifacetado, ocorre nas mais diversas sociedades e é de muitas formas sentida, nos mais diversos níveis de escolaridade e instituições (Barbosa, 2009).

Para Yves de La Taille (2016), a indisciplina pode transparecer como um ato de negação a normas impostas (de forma insolente) e o desconhecimento delas. Para a autora, o que explica bem mais a indisciplina nos dias de hoje é uma negação de todo valor ou regra, em consequência.

A indisciplina e a violência já eram apontadas desde 2010 como sendo o maior problema presente no cotidiano escolar (Fernandes, 2022). Entretanto, esse fato concorre para uma prejudicial dinâmica no processo de ensino-aprendizagem como um todo. A primeira discussão que emerge é sobre o papel da escola e o que tem falhado nesse processo. Ou seja, a muito já se discutia sobre quais demandas a escola deveria atender na vida de seu educando e um dos consensos diz respeito ao fato de que a escola não é mais um ambiente em que se transfere conteúdos apenas, mas que contribui para a formação do educando como um todo, inclusive sobre o cidadão que estaremos formando. Logo, podemos inferir que a escola é também o espaço que demandará respostas para a problemática existente.

Com base nos estudos de Lobato (2013), podemos afirmar que a indisciplina é um dos primeiros passos para uma escalada da violência em nossas escolas. Não são raros os processos de vandalização dos espaços, agressões verbais e físicas que começam com a indisciplina, crescente. Mas, então, o que seria a indisciplina? Esse conceito é comumente definido pelo contraponto à disciplina. Ou seja, onde falta disciplina, gera-se a indisciplina. Contudo, não é bem esse o conceito, nem o parâmetro que o define. Em outras palavras, o conceito de disciplina está relacionado diretamente com o comportamento de um dado grupo em cumprimento às ordens, às regras impostas para uma convivência possível, sadia, baseada em valores morais e éticos, e que também demanda o castigo ou punição como efeitos coercitivos e corretivos.

O conceito de indisciplina, contudo, não é estático e varia de cultura para cultura, sendo uma construção social que envolve distintos atores sociais, que por sua vez trazem consigo uma bagagem ou, nas palavras de Bourdieu, o seu capital cultural. Essa heterogeneidade da escola e de seus atores fará com que o problema em questão não tenha prescrições iguais para todas as realidades e também com que prognósticos e medidas de profilaxia social não funcionem de igual maneira para todas as realidades e espaços.

Neste momento, recorre-se ao vocabulário mais utilizado na área de saúde, exatamente por diagnosticarmos uma realidade anômala e insalubre, que vem adoecendo profissionais com crises como o transtorno de Burnout, síndrome do pânico, quadros de ansiedade, dentre outros sintomas e agravamentos. Por outro lado, a indisciplina perpassa pelo comportamento individual do educando, tido como um desvio, onde alunos podem ser qualificados ou diagnosticados como instáveis, acelerados, egoístas, individualistas, desrespeitosos, insolentes ou hiperativos. Nesse caso, a solução para a indisciplina estaria mais voltada para a interpretação de uma doença que deve ser tratada com remédios e terapias, sendo uma demanda para especialistas, médicos ou psicólogos, não exclusivamente um problema de professores, coordenadores e diretores. Essa tendência de tratar a indisciplina no âmbito da saúde é uma crescente na atualidade educacional brasileira. Logo, não ter acesso aos meios adequados de tratamento e de profissionais também constituiria parte do problema.

O quadro da indisciplina caracteriza-se primordialmente como um momento em que o discente já não obedece mais ou recusa-se a participar de tarefas que fazem parte do escopo da escola, os limites parecem tênues e as estratégias de correção ou retomada da normalidade parecem ineficientes. Profissionais de saúde e educação atribuem essa escalada a fatores alheios à escola, como os provocados por problemas psíquicos, familiares ou de socialização, mas também aos fatores diretamente relacionados ao ambiente escolar a sua estrutura de funcionamento, ou ainda, por circunstâncias sócio-históricas e psicológicas. Além disso, por muitas décadas, o problema da indisciplina foi atribuído ao professor diretamente. Os fatores da indisciplina estariam relacionados, nesses casos, à personalidade do professor, ao seu método pedagógico inadequado, dentre outros fatores. Sendo assim, podemos afirmar que a questão da indisciplina é multifatorial e, por isso, de difícil resolução (Silva *et al.* 2017).

O caráter positivo da disciplina é que ela é a "mola propulsora" que impulsiona todas as atividades sociais. Todos os espaços de convivência requerem disciplina. Sem ela, a vida social torna-se uma histeria coletiva. Durkheim afirmava que não poderia haver sociedade sem disciplina. As normas são necessárias para a organização da vida social e é também o que limita os desejos individuais. O próprio antropólogo reconhecia a desintegração social e o estado débil das sociedades quando ocorria a quebra da disciplina (Durkheim, 2001). Na visão de La Taille (2016), "a disciplina é bom porque, sem ela, há poucas chances de se levar a bom termo um processo de aprendizagem"; entretanto, o autor ressalta que é um tema demasiadamente ambíguo, como podemos atestar com uma breve revisão entre filósofos e autores como Kant, Alain, Durkheim, Piaget, dentre outros.

POR QUE E COMO SURGEM OS PROBLEMAS DE INDISCIPLINA?

Quando indagados sobre a questão, os docentes, costumeiramente, atrelam a indisciplina ao ato de rejeitar a aprendizagem, não levar material escolar ou não fazer uso dos recursos disponíveis, ser muito ausente, não realizar tarefas dentro e fora de sala, além dos comportamentais, como conversar fora de hora, usar vocabulário inadequado, transitar no espaço da sala sem parar, pedir para sair inúmeras vezes, interromper o professor inúmeras vezes e, com assuntos aleatórios, jogar objetos no colega, tentar chamar a atenção para si etc.

Quem passa por isso ou já passou sabe que faz parte da rotina escolar de professores e alunos. As condutas agressivas também surgem por meio de ofensas pessoais, estendidas a familiares e aos próprios colegas, frases injuriosas e posturas racistas, palavrões e ameaças, chegando até à violência física de fato. Em muitos casos o professor se pergunta com qual parâmetro de disciplina deverá atuar, visto que, em muitos casos, parecem bem comuns as atitudes do aluno, ou seja, há uma normalização por parte dele, como se não tivesse transgredido nenhum código de conduta. Esse fato leva os profissionais da escola a pensarem em um fator gerador alheio à instituição, ou seja, algo gerado nos outros nichos sociais do educando. Dessa forma, a escola passaria a desempenhar um papel ainda mais especializado. Ou seja, o de identificar possíveis problemas familiares e contextos sociais que poderiam estar gerando tais condutas – essa demanda acrescida à missão da escola tem levado, para o corpo de profissionais das escolas, o profissional de Psicologia e o de Serviço Social.

O Comitê de Ética em Pesquisa da Universidade Federal Fluminense (UFF), em Estudos de Caso com escolas de Nova Iguaçu-RJ, partiu do seguinte pressuposto para discutir os problemas relacionados à indisciplina.

> Refletir acerca dos problemas relacionados à indisciplina e aos aspectos culturais dos alunos sob o prisma de como se constroem os processos educativos dentro do espaço escolar é questão que inquieta educadores rumo a uma ressignificação das bases nas quais o ensino se encontra alicerçado. Sociedade em movimento, histórias e origens plurais, convergindo ou divergindo em meio às práticas pedagógicas e curriculares, direcionam-nos a redefinir nossos olhares sobre as diversidades culturais presentes no cotidiano da escola básica, encaminhando-nos a compreender indisciplina e diversidade humana como algo que não se encerra em si, mas, é cercado de significados (Santos; Queiroz, 2021, p. 341).

Na opinião de Santos e Queiroz (2021), concomitante ao pensamento e contribuição de Caldeira (2007), quando os fatores que deveriam ser levados em consideração em sala de aula são ignorados, como a própria história dos alunos, suas raízes e simbologias, suas experiências vividas, socialmente e culturalmente, podem ocorrer conflitos, desinteresse e violência, a partir da adoção de propostas curriculares homogeneizantes e segregacionistas.

COMO ENCARAR A INDISCIPLINA NO AMBIENTE ESCOLAR?

É importante esclarecermos que partimos da premissa de que a indisciplina pode estar sendo gerada por quaisquer dos atores sociais envolvidos. A própria escola quando não deixa clara a sua missão e o seu projeto político pedagógico, a coordenação e/ou direção quando torna-se procrastinadora ou delongadora, o professor quando apresenta condutas que aparentemente são indisciplinadas, ou seja, quando o próprio condutor da aula não obedece às normas estabelecidas e aos combinados, ou quando incorre em atitudes injustas ou que privilegiam um ou outro aluno, pode estar gerando atitudes de rebelião entre os educandos.

O ponto de partida é fazer uma autoanálise, a partir de um olhar introspectivo, para tentar identificar origens de conflitos e saná-las. Em seguida, identificar a responsabilidade de todos os envolvidos; logo, todos podemos contribuir, mais ou menos, para a indisciplina. Segundo Barreto (2008), é necessário que docentes comecem a enxergar nos atos de indisciplina uma oportunidade de orientação aos educadores para refletirem sobre suas práticas e as condições em que determinado comportamento inadequado se manifesta.

A outra questão relacionada à indisciplina diz respeito ao aluno que buscamos formar. Ao que tudo indica, cidadãos responsáveis, pensantes, críticos, éticos, morais, respeitosos, capazes de formular respostas e argumentos para contribuírem na resolução de problemas. Esse movimento é muito importante e necessário, ou seja, perguntarmos: que escola queremos? Essa deverá ser uma pergunta não retórica, mas debatida, buscada, discutida por toda a comunidade escolar.

Yves de La Taille (2015, p. 23) afirma que, para se ter parte da solução sobre o tema "indisciplina", que às vezes pode nos levar a uma visão até pessimista, é necessário que a escola lembre e faça lembrar à sociedade e aos alunos que a sua "finalidade primordial é a preparação para o exercício da cidadania". Logo, é demandado respeito ao espaço público, às normas, às relações interpessoais e ao diálogo.

Boa parte dos alunos sentem os reflexos de um ambiente conflituoso e perturbador. Existem pessoas, incluindo alunos com Transtorno do Espectro Autista (TEA), por exemplo, que precisam de ambientes que lhes transmitam paz para estudarem. O barulho excessivo é extremamente prejudicial para esses alunos. Também existem alunos com Transtorno do Déficit de Atenção e Hiperatividade (TDAH), que apresentam dispersão em ambientes extremamente agitados e barulhentos (Martins *et al.*, 2022).

Podemos acrescentar que a indisciplina ou a disciplina serão questões a serem tratadas pelos professores por meio de sua sensibilidade. São eles os primeiros a perceberem comportamentos desajustados, que surgem com o passar do tempo e que podem ter sido desencadeados por alguma questão recente e pontual. São eles também os primeiros profissionais que identificarão condutas inadequadas que podem ter sido acarretadas pelo histórico pretérito de seus alunos, ou seja, a bagagem de cada um. Nesses casos, o professor poderá não estar preparado para resolver os distúrbios que acontecem em sala de aula, demandando um trabalho multidisciplinar. Em muitos casos, a indisciplina do aluno acaba por gerar indisciplina no professor. Há um desencadear no processo de Ação-Reação, ou seja, o professor acaba reagindo com agressividade ou impaciência em muitos casos de indisciplina, agravando o quadro.

Vejamos: a questão da indisciplina pode ser sanada, ainda que temporariamente, mediante medidas cabíveis e pertinentes, entretanto o maior desafio ainda consistirá em despertar no aluno o interesse por participar voluntariamente do processo de ensino-aprendizagem. Podemos até impor a obediência, mas não o desejo de aprender.

Segundo Garcia (1999 *apud* Borelli; Pelegrini, 2023), a indisciplina não é necessariamente um comportamento inadequado, mas algo mais complexo e profundo. Nas palavras do autor:

> Se a escola se preocupar somente em resolver "problemas de comportamento" nunca chegará a ver a indisciplina resolvida. O "bom comportamento" nem sempre é sinal de disciplina, pois pode indicar apenas adaptação aos esquemas da escola, simples conformidade ou mesmo apatia diante das circunstâncias (Garcia, 1999, p. 105 *apud* Borelli; Pelegrini, 2023, p. 5).

A literatura da área apresenta autores preocupados em conceituar devidamente "indisciplina" e delimitar suas fronteiras. Trevisol (2007) afirma que a indisciplina escolar nunca será de causa única, mas será fruto de uma combinação de fatores, transformando-se em um fenômeno complexo, com razões externas à escola/instituição de ensino, somadas às causas internas.

Partimos do pressuposto de que cada educando é único e todos são diferentes entre si, em suas histórias de vida, suas experiências e seus grupos sociais; além da personalidade, suas características físicas e biológicas os diferem uns dos outros. Por outro lado, a escola é um sistema extremamente homogeneizante e a regra é tratar a todos de forma indistinta.

As críticas que surgiram sobre o processo de disciplinarização do ambiente escolar foram e são inúmeras ainda. Críticos ao rigor do formato das instituições de ensino alegam que as escolas "adestram" os alunos. Essa afirmação remete ao processo disciplinar presente em muitos ambientes fabris e produtivos, em que filas, campainhas, horários rígidos, atividades rigorosamente planejadas e executadas, tarefas e metas cumpridas etc. lembram muito e podem ser comparados entre si (escolas e fábricas). Um dos críticos a essa disciplinarização da escola foi o filósofo e sociólogo francês Michel Foucault.

Guimarães (2016) afirma que a escola, assim como muitas outras instituições, tem como metodologia de gerência a planificação, a fim de tornar o grupo o mais homogêneo possível, facilitando o trabalho de direção e organização. Esses mecanismos de gerenciamento passariam pelas atividades de organizar o tempo, o espaço, os movimentos, as atitudes de alunos e professores, e demais profissionais – a indisciplina teria suas faces na insubmissão às regras. Esse movimento, contudo, gera espaços de tensão e ambiguidade de proposições.

Vejamos: ora o professor é o promotor da disciplina plena, ora é aquele que vai estimular a criatividade, o livre aprendizado e o facilitador para o despertar de múltiplos interesses. Dessa forma, a escola também passa a ser ambígua, ora gerando confiança, ora gerando desconfiança. Nas palavras de Guimarães (2016, p. 79), quanto maior a repressão adotada, "maior a violência dos alunos em tentar garantir as forças que assegurem sua vitalidade enquanto grupo". Dessa forma, docentes e discentes precisarão ajustar-se e formular regras comuns – "nem o autoritarismo, nem o abandono" (Colombier, 1989 *apud* Guimarães, 2016, p. 79).

Martins e Botler (2016) concluíram, a partir de estudos com indicadores associados ao ambiente de aprendizagem, que quanto melhor a relação professor-aluno, menor a probabilidade de repetência, e quanto maior a indisciplina, maior será a probabilidade de repetência.

Podemos perceber que a indisciplina escolar e a violência social aparecem, por vezes, associadas, mas não são de forma alguma sinônimos. Logo, a violência pode ser uma das consequências da indisciplina (Fernandes, 2022). Na visão de Guimarães (2016), apesar de a escola ser um espaço de reprodução social e cultural, ela acaba por gerar sua própria violência e sua própria indisciplina.

O FENÔMENO DO DESINTERESSE

O fenômeno do desinteresse também é uma importante questão a ser abordada, já que nem sempre será visível, mas constitui-se em um problema. Quando há o desinteresse, mas ele não vem acompanhado de indisciplina, fica mais difícil e mais tênue identificá-lo, e mais cômodo aos envolvidos, de certa forma.

Garcia *et al.* (2021) explicam o significado de desinteresse, a partir da explicação da etimologia da palavra "interessante", que significa "estar em". Quando "estamos em". Logo, a participação ocorre de forma interessada quando o aluno está inserido, motivado. Dessa forma, a noção de desinteresse é o oposto, ou seja, quando o aluno apresenta-se desconectado da atividade, é quando "não está", quando se nega a participar do que não lhe pareça convidativo. Esse fato foi detectado em muitas respostas dadas pelos próprios professores.

Em entrevista com docentes regentes de turmas, ouvimos as seguintes respostas a seguir a respeito do desinteresse:

> *"Não me incomoda, desde que o aluno consiga me deixar dar a matéria".*

> *"Por mim, o aluno pode estar ali ou em outro planeta, contanto que eu consiga dar a matéria e cumprir o conteúdo programático, tudo bem".*

> *"Não consigo competir com essa geração "TikTok". É impossível! Eu acredito que a educação tenha que ser repensada e restabelecida sobre outras bases".*

> *"Antes eu ligava, agora não ligo mais. O aluno pode passar o tempo que quiser no celular jogando e eu não vou atrapalhá-lo. Simples assim".*

Essas respostas apontam para um cenário desanimador, desconectado e desesperançoso. Percebe-se nitidamente que os profissionais não estão conseguindo motivar os alunos e despertar o interesse pelos conteúdos programáticos, soma-se a isso o próprio desânimo do educador com fatores alheios à sala de aula, mas que também implicam no desenvolvimento da escola – os salários baixos e a desvalorização da categoria (citados por alguns como o principal desafio pessoal).

Mesquita (2021) aponta que cerca de 89,9% dos professores responderam que a maior dificuldade para o desempenho da atividade docente é a indisciplina causada pelos alunos. A segunda maior dificuldade é o tempo disponível para correção de provas e demais avaliações; e, em terceiro lugar, o tempo disponível para aplicar todo o conteúdo.

Na prática, os conteúdos ministrados nas escolas são excessivos, por vezes desconexos entre si e da realidade do aluno, e os professores precisam dar conta de uma burocracia que pode estar matando o aprendizado. Os alunos cada vez leem menos, escrevem menos, porém copiam mais, reproduzem mais. Elaboram poucas ideias, problematizam e argumentam cada vez menos. Por outro lado, a produtividade continua a ser exigida. O rigor nas avaliações continua a ser cobrado e os desempenhos, ano após ano, caem progressivamente. Poderia esse cenário suscitar indisciplina e desinteresse? Sim! Espaços de pertencimento e ressignificação precisam ser estabelecidos. As escolas não podem ser vazias de sentido, senão não cumprem o seu papel.

Farias (2022) remete-nos ao fato de que se faz necessário compreender a relação entre educador-educando, e essa tarefa exige pesquisa, reflexão, análises do ponto de vista crítico. Esse objetivo, contudo, só poderá ser atingido com a mobilização cada vez maior de mentes que, juntas, reflitam, troquem ideias e construam novos saberes. Na visão da autora, é necessário dar voz aos professores que convivem todos os dias com a realidade das salas de aula. Além disso, a pesquisa da autora reforça que não há solução pronta e acabada, mas, sim, caminhos a serem trilhados. É necessário fomentar em outros pesquisadores e profissionais a busca pelas causas e consequências do desinteresse pelo conhecimento que atinge adolescentes, jovens e adultos. Segundo Farias (2022), os profissionais de Psicologia, Pedagogia, Serviço Social e Educação, dentre outros, deveriam buscar as respostas para tais questões – um movimento em prol do saber.

Mesquita (2021) corrobora essa visão quando afirma que o problema do desinteresse passa pela pergunta *"como ensinar para alunos que não querem aprender?"*. É comum vermos as culpas recaírem sobre alunos, com a desculpa de que *"eles não querem aprender"*, ou sobre os docentes, *"eles não estão capacitados para ensinar de maneira motivadora"* ou *"é um problema de didática e de método"*. Sendo assim, Mesquita (2021) aponta para a necessidade de uma revisão de currículos de formação de docentes. Há de se discutir na base da formação dos futuros docentes, inclusive contando com aqueles que já estão imersos nessa problemática.

O que vem ocorrendo com a formação dos professores é o que ocorreu com a própria Educação. As bases nas quais estava assentada foram tiradas ou postas em "xeque" e a didática instrumental aos poucos foi perdendo a sua função primordial e sendo substituída por novos métodos. É visível perceber quando os professores abruptamente são empurrados para uma nova escola, pautada nas tecnologias e nos recursos midiáticos, sem sequer terem assimilado tais transformações. Segundo Aquino (2016), é possível constatar que guardamos uma pedagogia que não faz parte mais dos dias atuais.

O famoso escritor Zygmunt Bauman (2015) afirma que muitas coisas foram transformadas na relação do educador com o ensino. Na visão de Bauman (2023), a passagem da sociedade sólida para a líquida transformou a "sociedade da disciplina" em "sociedade do desempenho". Esse reflexo da transformação da sociedade deixou a escola e o docente em uma situação de vulnerabilidade, pois as bases sólidas, concretas, já não estão mais ali. O que ficou ainda não o é.

De norte a sul do país ocorrem espaços com infraestrutura insuficiente, desfavorável ou subaproveitados. Despreparo na utilização de mídias, déficit de profissionais, salas superlotadas e falta de professores. Para explicar o nível de precariedade das salas de aula em todo o Brasil, citamos Barreto (2018):

> [...] refletirmos sobre como uma sala de aula está preparada para recebê-los, concluiremos que, na grande maioria dos estabelecimentos de ensino, o espaço físico não se apresenta convidativo ao aprendizado. São problemas com ventilação, iluminação e carteiras, entre outros que dificultam formas plurais de aprender e ensinar (Barreto, 2018 *apud* Santos; Queiroz, 2021, p. 343).

Por fim, vale lembrar que algumas estratégias bastante disseminadas para diminuir a evasão escolar e a falta sucessiva do aluno podem ser consideradas medidas coercitivas, como a obrigatoriedade da presença para efeito de recebimento de auxílios governamentais e a atuação do conselho tutelar, sempre que o aluno apresenta faltas sucessivas. Contudo, percebemos que medidas para resolverem problemas como a evasão escolar e as faltas consecutivas, ainda que parcialmente, partem das esferas públicas e das relações de poder. O fato de o aluno ser obrigado a estar na escola mascara o que ocorre dentro do ambiente escolar no processo de ensino-aprendizagem do educando. Assim como as aprovações automáticas, os sistemas de dependência e de correção de fluxo. Além disso, também podemos listar o papel complementar da escola, que garante a alimentação adequada e regular a muitos discentes – existem alunos que dependem fundamentalmente da escola para sua nutrição adequada e esse foi um dos principais atrativos apontados pelos alunos das redes públicas estaduais para irem à escola.

O estudo de Garcia *et al.* (2021, p. 282), ao abordar o tema desinteresse nas escolas, acrescenta:

> O levantamento de dados realizado pela Secretaria de Educação Continuada, Alfabetização, Diversidade e Inclusão, do Ministério da Educação (Secadi/MEC), em 2016, constatou como segundo maior motivo de baixa frequência escolar o desinteresse/desmotivação, registrando 158.777 das ocorrências, abaixo do motivo de tratamento de doença e de

atenção à saúde do aluno (205.695) e, acima, respectivamente, dos registros de abandono escolar/desistência (137.703) e negligência dos pais ou responsáveis (117.090). O número público do período foi 16,2 milhões de crianças e adolescentes de 6 a 17 anos.

Mesmo, entretanto, que tenhamos, desde a Lei de Diretrizes e Bases (LDB) número 9.394/96 (BRASIL, 1996), uma finalidade explicitamente não propedêutica da Educação Básica e, inclusive, a meta de universalização do Ensino Médio a partir de 2009 (BRASIL, 2009), ainda não se efetivou o acesso universal à educação escolar no Brasil. De acordo com o Inep 2,8 milhões de crianças e jovens na faixa de 4 a 17 anos não frequentavam a escola em 2015 (INEP, 2017). Deste total, 771.982 correspondem às crianças em idade escolar que deveriam ingressar no Ensino Fundamental e que não estão matriculadas. Igualmente o Brasil, de acordo com dados do IBGE (PNAD Contínua 2018 – Educação) tem pelo menos 11,3 milhões de pessoas com mais de 15 anos analfabetos (6,8% de analfabetismo).

O estudo feito pelos pesquisadores ainda aponta o desinteresse pelo processo de ensino-aprendizagem como um todo, por determinadas disciplinas, ou pelo espaço de vivência na escola. Portanto, múltiplas são as abordagens e as variáveis envolvidas para se compreender o fenômeno do desinteresse.

Bazilio (2009), em importante contribuição à compreensão do tema "desinteresse", elucida que o fator "gestão escolar" é um elemento primordial para a resolução e enfrentamento ao desinteresse, a partir de uma gestão democrática, em que pais e demais membros que compõem a comunidade escolar possam participar ativamente em tomadas de decisão e proposição de soluções.

O QUE DIZEM E SENTEM OS NOSSOS ALUNOS?

O estudo realizado (estudo de caso) junto às escolas das redes pública e privada dos Municípios de Niterói, São Gonçalo e Maricá contou com a participação de sete turmas (amostras), sendo uma do ensino médio e uma da rede privada, conforme tabela a seguir.

Tabela 1 – Turmas participantes

Turma	Nível	Município	Instituição de Ensino	Participantes
6.º Ano	Fund. 2	Niterói	Colégio Estadual Cizinio Soares Pinto	40 alunos
2.º Ano	Ensino Médio	Niterói	Colégio Estadual Cizinio Soares Pinto	6 alunos
6.ºAno	Fund. 2	São Gonçalo	Colégio Estadual Dôrval Ferreira	23 alunos
6.º Ano	Fund. 2	Niterói	Colégio Estadual Joaquim Távora	36 alunos
7.º Ano (701/ 702)	Fund. 2	Niterói	Colégio Estadual Joaquim Távora	60 alunos
8.ºAno	Fund. 2	Niterói	Colégio Estadual Joaquim Távora	35 alunos
6.º Ano	Fund. 2	Maricá	Centro Educacional Excelência (Rede Privada)	28 alunos
Total				208 alunos

Fonte: Araujo, 2023

O questionário foi entregue a um total de 208 alunos (Tabela 1), ao longo de 1 ano e meio de pesquisa, distribuídos nas 5 Instituições. Os alunos responderam às seguintes perguntas:

- O que você considera positivo na Escola?
- Do que você não gosta no ambiente escolar?

Tabela 2 – Respostas dadas pelos alunos

Respostas Positivas	Total	Respostas Negativas	Total
Almoço, lanche, refeitório, comida boa	23	Chato/aulas desinteressantes	3
Amizades	21	Fofoca	19
Jogar futebol	13	Preguiça/acordar cedo	5
Quadra de esportes	4	Brigas/ agressividade	11
Elogios	10	Bullying	16
Desenhar	1	Xingamentos	10
Abraço	1	Trapaça/falsidade/ mentiras/traição	11
Explicação do (a) professor(a)	1	Conversas que atrapalham a aula	6
Aprender a matéria	1	Falta de respeito (com o colega e com o professor)	6
Receber bom tratamento/ respeito	6	Professores grosseiros/ professores	8
Silêncio	4	Comida ruim	4
Reciprocidade/ empatia	1	Falar mal da família	13
Estudar	3	Falatórios/gritos/barulho/ indisciplina	7
Não ter aula	2	Não poder usar celular	3
Jogar no celular	4	Matemática	1
Namorar	2	Ser chamado à atenção	2

Respostas Positivas	Total	Respostas Negativas	Total
Professores	7	Ir obrigado à escola	1
Aulas de Educação Física	7	Brincadeiras inoportunas	4

Fonte: Araujo, 2023

As respostas foram dadas de forma anônima e nem sempre os alunos responderam às duas perguntas feitas. Houve um maior número de respostas negativas e, dentre elas, chamam a atenção "fofoca", "*bullying*" e "falar mal da família". Por outro lado, as respostas positivas, que dizem respeito ao que eles gostam no ambiente escolar, foram "comida/lanche", "amizades", "elogios" e "futebol" (Tabela 2).

Percebe-se que as respostas negativas tendem a demonstrar que as relações interpessoais estão entre os pontos que merecem cuidado e atenção. Em relação aos pontos positivos, a socialização nesse espaço de vivência ainda tem um enorme significado para os alunos e está entre o que eles mais valorizam.

Um ponto que nos desperta e que pode servir de estratégia para docentes e demais participantes do processo de ensino-aprendizagem é o fato de os alunos afirmarem que gostam de receber "elogios". Esse ato, o de elogiar mais do que criticar, pode significar um ganho na relação educador-educando. Muitos alunos chegam à escola sob palavras muito repressoras, com ausência de carinho e com baixa autoestima. Trabalhar a autoestima e melhorar os relacionamentos interpessoais pode significar um ganho a ser observado a médio e longo prazos.

Por fim, tocaremos em outra parte da pesquisa que eclodiu em um projeto intitulado "Ideação suicida na vida do educando: como prevenir e cuidar", executado no Colégio Estadual Joaquim Távora, entre as turmas do 6.º, 7.º e 8.º ano do ensino fundamental 2. O projeto visou alcançar alunos com quadros depressivos e de ansiedade, e com histórico de autoviolência, ideação suicida e tentativas de suicídio.

O projeto à época teria nascido da necessidade de enfrentamento quanto aos relatos e registros, dentro e fora do espaço escolar, de alunos que vivenciam situações de ideação suicida e buscam a automutilação ou autoviolência, em muitos casos. Uma temática extremamente difícil, porém necessária, de ser trabalhada e discutida por todo o corpo docente, discente e familiares.

Ocorrem cada vez mais em nossas escolas alunos que enfrentam, cada vez mais cedo, situações de conflitos, de *bullying*, de discriminação, dentre outras, que dão lugar ao crescimento de atitudes de violência, de desinteresse, de introspecção e isolamento, e de indisciplina, devido à busca de aceitação ou de extravasamento de questões internalizadas.

Ao longo do projeto, foram colocados em prática momentos de aula e extraclasse, para trabalharmos rodas de conversa, elaboração de varal de ajuda, caixa de mensagens, dentre outros momentos extremamente importantes, palestras, dados estatísticos que serviram de alerta a todos. O resultado foi uma troca riquíssima de experiências e de autoconhecimento. O aumento do conhecimento, amadurecimento e solidariedade entre colegas, e aprofundamento das relações educador-educando.

Alguns relatos dos próprios alunos trazem luz ao problema enfrentado por muitos de nossos discentes:

> *"Quando eu tinha 9 anos, eu fui assediada pelo meu avô de consideração. Eu passei a odiar o meu corpo e comecei a me cortar e a ficar com marcas. Quando fiz 10 anos eu perdi a pessoa que eu mais confiava, o nome dele era Arthur, ele tinha 5 anos quando se foi... sinto falta dele! Hoje em dia eu luto contra a minha insegurança por mais tenha gente me elogiando, eu não consigo me ver como eles falam sobre mim. Eu carrego o peso que um homem de 64 anos me assediou. Eu era nova demais."*

> *"Eu pensei em suicídio depois que eu saí do hospital e quando descobri minha diabetes."*

> *"Já pensei. O motivo eu acho que era uma bobagem. Eu estava muito sobrecarregada e eu tenho crise de raiva, juntando tudo, eu acabei cortando o meu braço e ficou uma cicatriz. E por causa das crises de raiva, eu machuquei o meu rosto e eu ainda tenho crise de ansiedade".*

> *"cansada de ver como o mundo é injusto, feio e já estou cansada de viver neste mundo.".*

> *"Há uns 4 ou 5 meses atrás, toda vez que eu tinha crise de ansiedade eu não conseguia controlar e sempre pensava em me suicidar, eu tenho 2 ou 3 tentativas de suicídio. Na 1.ª vez que eu tentei eu*

não sabia o que estava fazendo, nem a gravidade. E na terceira vez eu estava tendo uma crise e meio que perdi o controle e me mutilei até não aguentar! Acredito muito em Deus e acredito que nessas tentativas foi ele que não deixou acontecer nada comigo. Hoje em dia estou muito mais madura e toda vez que tenho uma crise eu sei como agir. Eu tenho problemas sério em me mutilar."

Esses foram alguns dos depoimentos dos alunos que retratam bem as questões internalizadas e aquilo que não sabemos que o outro enfrenta. Com um olhar empático, podemos perceber que receber qualquer uma de nossas crianças em nossas escolas é mais do que transmitir conteúdo. É transmitir amor, afeto, atenção. É emprestar o ouvido e dar apoio. Como nos deixou Paulo Freire (*apud* Silva, 2000, p. 160), "A educação é um ato de amor, por isso, um ato de coragem. Não pode temer o debate. A análise da realidade. Não pode fugir à discussão criadora, sob pena de ser uma farsa".

CONSIDERAÇÕES FINAIS

A indisciplina, o desinteresse e a violência são reais em nossas escolas. Os responsáveis pelo cenário já foram apontados por diversos estudos e as causas dessa problemática, multifacetada, são sem dúvida o grande desafio para a educação e para a escola de hoje. Os atores sociais envolvidos e seus papéis também já foram postos, mas a solução ainda está longe de se concretizar. Por isso, podemos concluir que a Educação, tal como a temos hoje, será palco de intensas discussões e diálogos. Precisamos partir de um ponto inicial para iniciarmos uma mudança.

Existem nas escolas professores que se sentem incapazes de lecionar e, na contramão, existem alunos que não veem mais sentido em estar compartilhando aquele ambiente comum. É preciso que se faça um resgate de sentido para o discente e uma valorização do docente. Novas bases precisam ser postas.

Essas novas bases passarão pela formação de professores, em uma empreitada para se estabelecer um currículo formativo. Ao mesmo tempo que a escola não poderá ser pensada por si só, alheia às questões externas, nem um receptáculo de decisões políticas que interessem apenas a alguns em cumprimento de metas. Há de se transformar a escola em um local de acolhimento e de cidadania, tendo como método principal a dialética.

O espaço escolar é o espaço do aluno. O desenvolvimento do educando se dá dentro e fora da unidade escolar, mas quando podemos transformar as experiências vivenciadas, entendemos o real significado da formação cidadã, na qual o docente e demais profissionais são agentes ou atores-chaves de todo o processo de ensino e aprendizado, juntamente com o aluno. Partindo desse antecedente, buscou-se, ao longo do trabalho apresentado, enfrentar questões urgentes, sensíveis e difíceis, porém necessárias, para a transformação do indivíduo e do coletivo. Não podemos mais falar sobre o aprender como um processo separado dos demais aspectos humanos. Todos os aspectos envolvidos, quer sejam sociais, emocionais e culturais, deverão fazer parte do planejamento do professor e da escola (por meio do PPP), com vistas ao desenvolvimento integral da criança, do adolescente e do jovem.

REFERÊNCIAS

AQUINO, G. J. "A desordem na relação professor-aluno: indisciplina, moralidade e conhecimento". *In:* AQUINO, Groppa Julio (org.). **Indisciplina na escola**: alternativas teóricas e práticas. 18. ed. São Paulo: Summus, 2016.

ARAUJO, T. N. de. **Indisciplina, desinteresse e violência no ambiente escolar**: desafios e perspectivas. Trabalho de Conclusão de Curso (Graduação em Pedagogia). Brasília: IBRA, 2023.

BARBOSA, F. A. L. Indisciplina escolar: diferentes olhares teóricos. *In*: Congresso Nacional de Educação - Educere. 9. Encontro Sul Brasileiro e Psicopedagogia, 3., 2009, Curitiba. **Anais** [...]. Curitiba: PUC-PR, 2009.

BAUMAN, Z. **A educação deve ser pensada durante a vida inteira**: em entrevista, Zygmunt Bauman reflete sobre o aprendizado e os desacertos da sociedade em relação ao ensino. Disponível em: https://www.fronteiras.com/leia/exibir/zygmunt-bauman-a-educacao-deve-ser-pensada-durante-a-vida-inteira. Acesso em: 4 ago. 2023.

BAZILIO, R. M. G. **O desinteresse dos alunos e o papel dos pais com o processo ensino-aprendizagem no contexto da gestão escolar**. Monografia (Especialização em Gestão Educacional) – Universidade Federal de Santa Maria, EaD, RS, 2009. Disponível em: https://repositorio.ufsm.br/handle/1/1272. Acesso em: 4 ago. 2023.

BORELLI, A. C. S. B.; PELEGRINI, Thiago. O conceito de (in)disciplina, e disciplinarização no âmbito escolar. *In:* Congresso do Norte Paranaense de Educação Física Escolar, 8., 2017, Londrina, PR. **Anais eletrônicos** [...]. Londrina: UEL, 2017. Disponível em: http://www.uel.br/eventos/conpef/portal/pages/arquivos/

ANAIS%20CONPEF%202017/o%20conceito%20de%20130682-19809.doc.pdf. Acesso em: 3 ago. 2023.

CALDEIRA, S. N. (Des)ordem na escola: um roteiro de estruturas sobre o fenômeno. *In:* CALDEIRA, S. N. (org.). **(Des)ordem na escola**: mitos e realidades. Coimbra: Quarteto, 2007. p. 13-24. (Coleção Educação).

DURKHEIM, É. **As regras do método sociológico**. São Paulo: Martin Claret, 2001. 157 p.

FARIAS, C. S. C. de. A educação contemporânea e o desinteresse pelo conhecimento: possíveis causas e consequências. **Cairu em Revista**, ano 11, n. 20, p. 78-90, jun. 2022. ISSN 22377719.

FERNANDES, N. D. R. Enfrentando a indisciplina e a violência na escola. **Revista Científica Multidisciplinar Núcleo do Conhecimento**, ano 7, v. 8, n. 9, p. 136-146, set. 2022. ISSN 2448-0959, Disponível em: https://www.nucleodoconhecimento.com.br/educacao/violencia-na-escola. DOI: 10.32749/nucleodoconhecimento.com.br/educacao/violencia-na-escola. Acesso em: 10 set. 2023.

GARCIA, A. L. C., HALMENSCHLAGER, K. R. & BRICK, E. M. Desinteresse escolar: um estudo sobre o tema a partir de teses e dissertações. *Revista Contexto & Amp; Educação*, 36(114), 280–300. https://doi.org/10.21527/2179-1309.2021.114.280-300. Acesso em: 15 ago. 2023.

GUIMARÃES, Á. M. "Indisciplina e violência: a ambiguidade dos conflitos na escola". *In:* AQUINO, Groppa Julio (org.). **Indisciplina na escola**: alternativas teóricas e práticas. 18. ed. São Paulo: Summus, 2016.

GUIRADO, M. "Poder indisciplina: os surpreendentes rumos da relação de poder". *In:* AQUINO, Groppa Julio (org.). **Indisciplina na escola**: alternativas teóricas e práticas. 18. ed. São Paulo: Summus, 2016.

LAKATOS, E. M.; MARCONI, M. de A. **Fundamentos de metodologia científica**. 8. ed. São Paulo: Atlas, 2017. ISBN 978-859-701-076-3.

LA TAILLE, Y. de. "A indisciplina e o sentimento de vergonha". *In:* AQUINO, Groppa Julio (org.). **Indisciplina na escola**: alternativas teóricas e práticas. 18. ed. São Paulo: Summus, 2016.

MARTINS, A. M.; BLOTER, ALICE M. HAPP. Conflitos, indisciplinas e violências em escolas. **Cadernos de Pesquisa**, v. 46. n. 161, p. 560-564, jul./set. 2016.

MARTINS, L. G. *et al.* Análise dos artigos publicados na revista brasileira de educação especial sobre o transtorno de déficit de atenção e hiperatividade no período de 2005 a 2017. **Revista Científica Multidisciplinar Núcleo do Conhecimento**, ano 7, v. 4, n. 9, p. 65-81, set. 2022. ISSN 2448-0959. Disponível em: https://www.nucleodoconhecimento.com.br/educacao/analisedos-artigos. Acesso em: 13 ago. 2023.

MESQUITA, S. Ensinar para quem não quer aprender: um dos desafios da didática e da formação de professores. **Pro-Posições**, Campinas, v. 32, e20170115, 2021. Disponível em: https://orcid.org/0000-0003-0352-2202. Acesso em: 12 ago. 2023.

SANTOS, R. B. R. dos; QUEIROZ, P. P. A complexa relação humana no espaço escolar: o que indisciplina, currículo e cultura têm a nos revelar? **Rev. Bras. Estud. pedagog.**, Brasília, v. 102, n. 261, p. 339-356, maio/ago. 2021. Disponível em: https://dx.doi.org/10.24109/2176-6681.rbep.102i26. Acesso em: 12 ago. 2023.

SILVA, I. A.; GUIMARÃES, Taislene; M., R. A.; CRUZ, L. A. N. O aluno e o desinteresse em aprender: percepções e interpretações de professores do ensino fundamental II. **Colloquium Humanarum**, v. 14, n. Especial, p. 517-522, jul./dez. 2017. ISSN 1809-8207.

TREVISOL, M. T. C. Indisciplina escolar: sentidos atribuídos por alunos do ensino fundamental. *In:* Congresso Internacional de Educação, 6., 2007, Concórdia, SC. **Anais** [...]. Concórdia: Editora Universidade do Contestado, 2007. p. 1-18.

Não há como voltar à situação em que o professor é o único conhecedor, a única fonte, o único guia.

(Zygmunt Bauman)

OS DESAFIOS DO ENSINO HÍBRIDO

Thaís Mota Batista Teixeira

INTRODUÇÃO

O ensino híbrido no Brasil e no mundo só foi possível graças às tecnologias digitais de informação e comunicação (TDICs), que gradativamente foram sendo aplicadas à educação, no ensino a distância. Essas mudanças começaram a ocorrer a partir dos anos de 1980, com o desenvolvimento das TDICs. Contudo, nos últimos dois anos, o mundo experimentou um avanço do ensino conhecido como *blended learning* ou ensino híbrido, que, de maneira geral, combina atividades presenciais e atividades educacionais a distância, realizadas por meio das TDICs.

A era das tecnologias da informação e comunicação revolucionou muitos ambientes, de trabalho, de educação, de cultura, dentre outros. No processo educativo, os impactos da pandemia da Covid-19 ampliaram a modalidade ensino híbrido, por causa da necessidade de distanciamento social e continuidade das atividades.

Como cientistas da educação, percebemos que os métodos de ensino-aprendizagem foram abruptamente alterados dadas às necessidades impostas. Profissionais de educação e educandos de todas as idades foram impactados de diversas formas, com aspectos positivos e negativos e com particularidades que não puderam ser devidamente tratadas durante o processo que pegou de surpresa todo o mundo. Passada a crise, cabe-nos avaliar as vantagens e desvantagens do ensino híbrido, inclusive sob o olhar das diferentes esferas de ensino e de idades, bem como os desafios impostos e que ainda persistem.

É fato que vivemos na era digital, onde as tecnologias da informação ocupam os diversos setores de nossas vidas e influenciam todas as áreas do nosso convívio, gerando, inclusive, benefícios e o chamado conforto tecnológico.

Na educação a tecnologia está presente no ensino híbrido, que é a metodologia que combina o aprendizado *on-line* com o *off-line*, em modelos que mesclam (por isso o termo *blended*, do inglês "misturar") momentos em que o aluno estuda sozinho, de maneira virtual, com momentos em que a aprendizagem ocorre de forma presencial, valorizando a interação entre alunos e professores.

O ensino híbrido é definido pelos diversos especialistas da educação como "um programa de educação formal com momentos de aprendizagem que combinam propostas realizadas online, de forma remota, mediadas por tecnologias digitais, e propostas presenciais, que ocorrem com a supervisão docente, com ou sem o uso de tecnologias digitais" (CIEB, 2021). Essa definição foi elaborada com base em Bacich, Tanzi Neto e Trevisani (2015), Horn e Staker (2015) e Garrison e Vaughan (2008 *apud* CIEB, 2021). Logo, podemos concluir que a contemporaneidade dos especialistas está relacionada com o desenvolvimento das tecnologias da informação. A aplicabilidade dessas tecnologias é o que propicia o ensino híbrido, e o método de ensino e a didática estão intrinsecamente relacionados entre si.

Entretanto, cabe ressaltar que o ensino híbrido não é uma ideia nova. Novo (2022) afirma que o conceito, nascido em 1960, nos Estados Unidos, faz referência à utilização de tecnologias de informação na sala de aula, substituindo, em parte, a autonomia do professor ou do instrutor de ensino. Entretanto, o autor ressalta que os primeiros computadores e a sua adoção custavam muito caro, o que não favorecia esse tipo de modalidade de ensino, retardando a sua maior aplicação a partir de meados dos anos 1990.

No Brasil, somente a partir dos anos de 2014, o ensino híbrido surgiu como experimental e foi realizado inicialmente pelo Instituto Península e pela Fundação Lemann. No processo, as recomendações desse modelo, baseadas em estudos já feitos, foram aplicadas por meio de desafios que levavam os professores a refletirem sobre o desenvolvimento dos alunos.

De acordo com o *site* Tutor Mundi (2022), a legislação brasileira permite a educação a distância para o ensino superior (cursos completos ou até 40% dos presenciais), para uma parte do ensino médio (até 30% para cursos noturnos e 20% dos diurnos) e na Educação de Jovens e Adultos (até 80%). Porém, a grande explosão de cursos na modalidade híbrida ocorreu e vem crescendo a partir dos anos 2020, no Brasil.

A necessidade de ensino híbrido se deu por ocasião da pandemia da Covid-19, para diminuição da mobilidade e para promoção do isolamento social, visando à redução da circulação do vírus. Dessa forma, à época, a suspensão das aulas presenciais foi medida rapidamente adotada e a adaptação de professores e alunos foi feita de forma bastante abrupta, sem que houvesse uma oportunidade para debates e planejamento.

O presente trabalho buscou, dessa forma, analisar o processo de ensino híbrido adotado nas diversas instituições de ensino, a fim de identificar e analisar as vantagens e desvantagens dessa modalidade de ensino, a partir da observação da práxis do docente e do discente. A partir dos resultados obtidos, concluiu-se que as tecnologias têm potencial de aproximar diferentes culturas e aproximar pessoas fisicamente distantes. Os aspectos negativos apontam para a falta de disciplina e de organização de discentes no processo de ensino-aprendizagem e a familiarização por parte de docentes, das tecnologias informacionais, dentre outras dificuldades. A adoção desse método de ensino, a partir de tecnologias da informação, tem elevado potencial educativo, mesmo após a crise epidemiológica mundial, dessa forma, é bastante relevante considerar o ensino híbrido como sendo uma modalidade de ensino em expansão e que deverá continuar, com possibilidades de maior discussão, elucidação e aprimoramento do ensino.

CONTEXTUALIZAÇÃO DA DISSEMINAÇÃO DO ENSINO HÍBRIDO

Em 2019, o cenário de pandemia mundial levou muitas nações a mudarem o modo de ensino. Devido à necessidade de distanciamento social, a alternativa encontrada por instituições de ensino, para os diferentes seguimentos, foi aderir e adaptar-se à educação a distância e à modalidade híbrida. As aulas *on-line* passaram a fazer parte da rotina de milhares de estudantes brasileiros, porém a implementação da modalidade pode ser vantajosa para todos os envolvidos no processo de aprendizagem.

Entretanto, o processo de adoção do método híbrido de ensino e a adaptação a ele nem sempre ocorrem como esperado. Diversos fatores são levados em consideração, como os aparatos tecnológicos disponíveis, as condições do educando e do educador ante a disponibilidade de instrumentos informáticos, a desenvoltura em videoaulas e o domínio do tempo de aula, considerando-se o distanciamento entre professor e aluno.

Faz-se necessário, primeiramente, revisar o conceito de ensino híbrido, que, de acordo com Andrade e Monteiro (2022), se propõe a uma personalização do ensino tradicional até então vigente. O Híbrido é o método que mescla o que há de maior sucesso no ensino tradicional aos novos métodos de ensino, utilizando as ferramentas tecno-informacionais para proporcionar uma experiência positiva e produtiva para professores e alunos. O cenário da revolução tecno-informacional propiciou importantes transformações no âmbito educacional, diminuindo as barreiras entre espaço virtual e espaço físico e criando um espaço híbrido.

Bacich (2020) conceitua ensino híbrido como aquele que elege os recursos digitais como meios de aprendizado, respeitando o ritmo e tempo do aluno, onde este assume o papel de protagonista do processo. Dessa forma, experiências preparadas para o virtual deverão oferecer além de aprendizagem, a interação com os conhecimentos e o desenvolvimento de habilidades. Já no ambiente presencial, o professor deverá aproveitar o tempo para utilizar as evidências coletadas para potencializar a aprendizagem de sua turma.

De acordo com Junior e Castilho (2016), o ensino híbrido é o emprego de metodologias, materiais e métodos do ensino presencial, unidos aos métodos de ensino *on-line*, para o desenvolvimento do processo de ensino e aprendizagem. A ideia central dessa metodologia está relacionada com educação voltada a projetos e pesquisas em ambientes virtuais. Entretanto, de acordo com o blog do Sistema Positivo de Ensino (2022), a desigualdade social é um dos desafios a ser superado nessa modalidade de educação, já que deverão ser considerados os acessos à internet, a formação de professores para o trabalho nesse novo ambiente, as relações de ensino-aprendizagem mediante o papel do professor muito mais como facilitador e estimulador. O professor sai do protagonismo usual da sala de aula, para o papel de tutor ou orientador do aluno, ensinando e conduzindo ao caminho do aprendizado e do desenvolvimento do aluno.

Ao revisar o modo como se dá o processo de aprendizagem, se faz necessária a observância e a confecção de relatórios e avaliações diagnósticas, aplicadas ao longo de todo o processo e não apenas no final período, trimestre ou bimestre, por exemplo, favorecendo práticas direcionadas e permitindo ao professor selecionar estratégias para o ambiente de sala de aula, pois mediar a autoaprendizagem de parte do ensino realizado à distância é um dos desafios dessa modalidade.

Apesar do retorno ao modo presencial, os gestores de educação caminham para o debate sobre o ensino híbrido, agora, não mais obrigatório, mas sim com possibilidades de aprimoramento e de enfrentamento quanto às dificuldades ocorridas ao longo dos dois anos de pandemia.

Algumas instituições encontraram no ensino híbrido uma resposta para problemas educacionais, ligados a outras questões, como o acesso às plataformas digitais, aos conteúdos virtuais, acesso às tecnologias, dificuldade de aprendizagem a partir de tecnologias, dentre outros, o que implica questões econômicas e sociais.

Trazer o debate sobre o ensino híbrido para o cerne das discussões em cursos superiores é fundamental, pois implica transformações no currículo acadêmico, nas práticas pedagógicas, na formação dos professores e na infraestrutura das instituições de ensino.

A pandemia gerou diversas mudanças no mundo educacional, desde a gestão dos conteúdos pedagógicos até a modalidade da aprendizagem. Nesse cenário, em busca de métodos para assegurar a continuação das aulas, diferentes instituições estão pesquisando a respeito das vantagens do ensino híbrido.

VANTAGENS DO ENSINO HÍBRIDO

De acordo com Júnior e Castilho (2016), a hibridização do ensino favorece aulas mais aprazíveis, modernas, brandas, participativas e flexíveis, ou seja, transforma o ensino em uma atividade interativa, livre da apatia e da inércia. O aluno sairia da posição de apenas mero ouvinte para a posição de aluno agente ou protagonista do seu próprio aprendizado, que o envolve em atividades complexas e desafiadoras. Contudo, apesar de inúmeras vantagens, uma boa aula dependeria de um bom planejamento *a priori,* sendo difícil trabalhar de forma improvisada, como ocorre comumente no ensino presencial tradicional.

O conteúdo trabalhado deve servir como dinamizador, permitindo, sempre que possível, que o estudante estabeleça relações entre o que se estuda (teoria) e a sua realidade local (prática), na vida cotidiana pessoal, ou até mesmo na área em que atua, caso já trabalhe. É importante que, de início, ele seja informado sobre os objetivos dos conteúdos a serem estudados, como esses conteúdos estão organizados nos materiais e sobre as atividades que deverão realizar. Precisa ter esclarecimentos também a respeito de demais recursos (*hiperlinks,* interações, questões para reflexões, indicação de referência/citações, entre outros), utilizados ou indicados ao longo do material, com os respectivos objetivos.

Com isso, as características mais comuns do ensino híbrido são a personalização do ensino e a autonomia do estudante. O significado fundamental de ensino híbrido é incentivar que a escola transponha os limites de sua estrutura física, com professores e alunos ensinando e aprendendo independentemente do horário ou do lugar em que estiverem com aulas virtuais.

Uma revisão no modo de ensinar e de trabalhar conteúdos, no ensino híbrido, requer mudanças estruturais, sendo um dos principais passos o bom planejamento das atividades, por parte do professor. Lembrando que todos os métodos de ensino estão sendo ampliados com a aplicação do ambiente virtual no processo de aprendizagem. É necessário estabelecer que o ensino híbrido está intrinsecamente ligado aos fundamentos das Metodologias Ativas de Ensino e Aprendizagem, são eles: autonomia, reflexão, problematização, trabalho em equipe, inovação e professor mediador. Esses princípios deixam claro que essa forma de ensino vai ao encontro da promoção de estratégias que desenvolvem a independência dos estudantes, em um ambiente em que a troca de conhecimento é mais fluida e colaborativa. Nas Metodologias Ativas de Ensino, o estudante não fica mais apenas sentado em uma carteira escutando o professor falar. Ele faz as próprias descobertas, trabalha em seu ritmo e se desenvolve com a ajuda de colegas e professores – logo, entende-se que as Metodologias Ativas de Ensino podem ser aplicadas em diferentes contextos.

Andrade e Monteiro (2022) afirmam que o papel do professor como mediador, orientador e facilitador do processo é o que garante e viabiliza a aprendizagem, mediante o maior tempo de observação do desenvolvimento individual do aluno, além de promover a autonomia do educando, a fim de que este aprenda a aprender. É necessário, contudo, que os recursos tecnológicos informacionais promovam ambientes de aprendizagem com interfaces amigáveis, que estimulem a cognição, que sejam manuseadas por meio de ferramentas flexíveis.

Dessa forma, entendemos que, para considerarmos vantajoso o sistema de ensino híbrido, há de se observar a adaptação do aluno às técnicas e às tecnologias diversificadas, o acesso ao conhecimento em espaços e tempos distintos e independentes, e a sua aplicação em contextos culturalmente e socialmente distintos.

Vale ressaltar que a implementação do ensino híbrido para a educação infantil é um pouco diferenciada, em relação às tecnologias, das demais séries escolares. A Base Nacional Comum Curricular (BNCC) afirma que é direito de aprendizagem da criança:

> Explorar movimentos, gestos, sons, formas, texturas, cores, palavras, emoções, transformações, relacionamentos, histórias, objetos, elementos da natureza, na escola e fora dela, ampliando seus saberes sobre a cultura, em suas diversas modalidades: as artes, a escrita, a ciência e a tecnologia (Brasil, 2018).

Com isso, o ensino híbrido pode ser explorado de várias formas, apesar de sua implementação não ser uma tarefa simples para as escolas. Dentro da proposta do hibridismo, cabe às instituições e aos educadores desenvolverem atividades que atendam às necessidades de cada aluno e de cada série.

O professor também se beneficia com o ensino híbrido na educação infantil. Além de oferecer aulas mais modernas e alinhadas com as demandas atuais, o professor pode otimizar seu tempo, inclusive de planejamento, pois há muitas sugestões de atividades nas próprias plataformas que podem ser utilizadas e adaptadas à sua realidade escolar.

Pesquisas têm revelado que as pessoas que realizam os estudos por meio de ensino híbrido obtêm melhores resultados em relação às que realizam todos os seus estudos a distância. Isso porque a combinação da possibilidade de ler, pesquisar, analisar e refletir a distância em momentos individuais de acordo com o ritmo e necessidade de cada um, e depois de expor as próprias percepções e conclusões em atividades presenciais, confrontando-as com as de um grupo: colegas e professores, favorece a todos uma maior expansão de novos horizontes, de uma visão mais abrangente sobre os conteúdos e conceitos em estudos e de, assim, atingirem melhores resultados.

MODELOS DE ENSINO HÍBRIDO

É importante esclarecer que sala de aula híbrida e ensino híbrido são divergentes. Bacich (2020) afirma que aulas que acontecem no espaço físico da escola e que são transmitidas ao vivo para quem está em casa não podem ser consideradas como ensino híbrido, da mesma forma aulas que ocorrem no modelo remoto, com alunos e professores em suas casas, também não podem ser consideradas como ensino híbrido. As aulas presenciais com práticas em atividades *on-line*, como jogos ou aulas de informática, ou mesmo aulas apresentadas em *Datashow* não são definidas como ensino híbrido. O que vai determinar o hibridismo são as práticas relacionadas e as atividades desenvolvidas, como um todo.

Lilian Bacich, Adolfo Tanzi Neto e Fernando de Mello Trevisani (2015) afirmam que a educação sempre apresentou formas híbridas e que o processo de inserção de TDIC é mais uma dessas formas. Nas palavras dos autores, lê-se:

A educação sempre foi misturada, híbrida, sempre combinou vários espaços, tempos, atividades, metodologias, públicos. Esse processo, agora, com a mobilidade e a conectividade, é muito mais perceptível, amplo e profundo: é um ecossistema mais aberto e criativo [...] (Bacich; Tanzi Neto; Trevisani, 2015, p. 41).

Logo, a definição de Horn (2015) nos apresenta o que podemos chamar de ensino híbrido, onde, na visão do autor, ensino *on-line* e presencial se complementam com foco na personalização. Dessa forma, o aluno controla o tempo de aprendizagem, seu ritmo, o espaço, dentre outras escolhas.

De acordo com o Guia de Ensino Híbrido, elaborado pela Tutor Mundi em 2020, existem pelo menos quatro modelos deste tipo de ensino, são eles: modelo de rotação por estações, modelo virtual enriquecido, modelo à la carte e modelo flex. A seguir, apresentaremos um resumo de cada um dos modelos.

Rotação

O modelo conhecido como Rotação é o mais conhecido e disseminado no Brasil. Seus métodos principais são, de acordo como Vale e Silva (2018): rotação por estações, laboratório rotacional, sala de aula invertida e rotação individual. O autor afirma que o tema de aula deverá ser precedido de definições de objetivos educacionais a serem atingidos pelo educando e que as atividades propostas deverão ser desenvolvidas de forma autônoma ou compartilhada entre grupos.

Ao fim do processo de aprendizagem (rotação), o orientador (professor, tutor) deverá verificar a aprendizagem e se os objetivos foram alcançados, podendo ele promover que se retorne aos pontos trabalhados, caso necessário. A troca de experiência entre alunos e o compartilhamento de informações são estimulados, a fim de promover habilidades sociais de inter-relacionamento.

Na rotação individual, contudo, observam-se dois pontos. O roteiro de aprendizagem poderá ser individualizado devido à personalização de instrumentos e métodos voltados para cada tipo de aluno. Logo, as avaliações diagnósticas também seguirão essa personalização. O professor passa a exercer um papel secundário no processo de ensino-aprendizagem e o aluno assume uma postura mais autônoma e responsável, como o sujeito de seu aprendizado.

Dentro da perspectiva de ensino *on-line*, a transmissão de informações é muito mais trabalhada do que momentos de interação. Os ambientes das salas de aula passam a funcionar como estúdios e a colaboração é motivada. Na visão de Lins (2021), os modelos de ensino híbrido podem ser considerados disruptivos, ou seja, acabam por interromper o seguimento normal de um processo, a fim de torná-lo mais eficiente e aplicável.

Sala de aula invertida

Valente (2015) destaca que a chamada "sala de aula invertida" (*flipped classroom*) é uma das modalidades que têm obtido êxito tanto no ensino básico quanto no ensino superior. Essa modalidade integra o modelo denominado Rotação. A sala de aula invertida é uma modalidade de *e-learning* em que o aluno estuda o conteúdo de uma dada matéria antes que este frequente o espaço de sala de aula. Ao espaço escolar fica destinado o recebimento de instruções, o local para trabalhar conteúdos já estudados, realização de atividades práticas como resolução de problemas e projetos, discussões em grupo, atividades em laboratórios, dentre outras. O termo "invertida" refere-se ao papel do professor, antes um transmissor de informações, agora um facilitador do processo de ensino-aprendizagem.

Segundo a Educause (2012), a abordagem de sala de aula invertida apresenta o espaço físico como o espaço para a aprendizagem ativa, ou seja, o local onde alunos perguntam, discutem e desempenham atividades práticas. Nesse momento, o professor tem a oportunidade de trabalhar as dificuldades dos alunos, individualmente ou em grupo.

Flex

O modelo Flex, muito alardeado em nossos dias, tem a sua base de aprendizagem com os professores desempenhando o papel de mediadores e facilitadores. Os roteiros de estudo são orientados e permitem uma organização de tempo e de atividades, e o professor fica disponível para cessar dúvidas e ajudar os alunos individualmente em suas dificuldades (Sassaki, 2016).

Escolas e universidades nessa modalidade disponibilizam laboratórios de informática para que os alunos possam aprender e trabalhar. Além disso, trabalhos em equipe, presenciais, poderão ser realizados. Os aprendizados de cada aluno podem ser acompanhados por plataformas *on-line*, e o professor tutor deverá intervir estrategicamente, sempre que necessário.

À la carte

Neste modelo, a escola física tradicional é presente. Entretanto, disciplinas *on-line* poderão ser optadas pelos alunos. Todo o processo de orientação ocorre de forma remota e digital. Difere do modelo *flex* devido à orientação se dar totalmente *on-line*, e escolas podem oferecer um conjunto de cursos *on-line* ao gosto do freguês.

Esta opção é apontada por especialistas como uma alternativa para locais distantes ou com carência de professores.

Virtual enriquecido

O modelo virtual enriquecido realiza atividades presenciais não todos os dias da semana. Parte significativa dos estudos são feitos em cursos *on-line*, com professores (orientadores/tutores) virtuais, que são responsáveis pela disciplina.

Neste modelo, as atividades realizadas na escola seguem a orientação que parte do desempenho do aluno e são acompanhadas por especialistas que orientam individualmente cada estudante. O modelo valoriza e reconhece as necessidades de cada aluno. Logo, a presença do professor em uma Unidade Escolar se faz necessário, para atendimento e uso de instrumentos disponibilizados na escola.

COMPARANDO OS DIFERENTES MODELOS DE ENSINO HÍBRIDO

De forma bem didática, Horn & Staker (2015) sistematizaram algumas perguntas que orientarão educadores e instituições de ensino a definirem os métodos de ensino híbrido mais adequados para os seus educandos e para a realidade escolar (Quadro 1). A seguir, apresentamos uma tabela baseada nos autores, da obra de referência intitulada *Blended: Using Disruptive Innovation to Improve Schools*.

Quadro 1 – Comparação de modelos híbridos

	Rotação	Flex	À la carte	Virtual enriquecido
Que problema você quer resolver?	Melhorar o sistema tradicional	Disponibilizar oportunidades de aprendizado	Disponibilizar oportunidades de aprendizado	Disponibilizar oportunidades de aprendizado
Quem é o responsável pela disciplina?	Professor presencial e monitor no laboratório de informática	Professor presencial	Professor *on-line*	Professor presencial que é o mesmo *on-line*
Que equipe você possui?	Professor presencial	Professor presencial e monitor	Professor *on-line*	Professor
Como é o controle do ritmo e caminho?	Durante a porção *on-line*	Durante todo o curso	Durante todo o curso	Durante todo o curso
Como é o roteiro de aprendizagem?	Em grupo (exceto rotação individual)	Individual	Individual	Individual
Quais espaços estão disponíveis?	Sala de aula tradicional, laboratório de informática e virtual	Estúdios de aprendizagem e virtual	Virtual	Estúdios de aprendizagem e virtual

Fonte: adaptado de Horn e Staker (2015)

De acordo com Valente (2014), as tecnologias de informação e comunicação (TDIC), a partir do momento que ganham os espaços escolares e extraclasses, ou seja, os espaços de aprendizagem do cotidiano do educando, passam a integrar as atividades tradicionalmente dispensadas exclusivamente às salas de aula. Essas tecnologias impactaram as dinâmicas escolares e as atividades de sala de aula; possibilitaram uma série de atividades, antes impensadas, organizando atividades e o tempo, e integrando experiência e conteúdo. Em tese, o que o sistema educacional sempre almejou – aproximar a experiência do aluno das informações acessadas. Essas tecnologias, na visão do autor, "têm alterado a dinâmica da escola e de sala de aula como, por exemplo, a organização dos tempos e espaços da escola, as relações entre o aprendiz e a informação, as interações entre alunos, e entre alunos e professor" (Valente, 2014, p. 91).

Desvantagens do ensino híbrido

As desvantagens que envolvem o ensino híbrido estão mais relacionadas a questões alheias ao contexto educacional. Muito mais se relacionam ao contexto social do educando e do próprio educador. Se, por um lado, as TICs podem possibilitar processos e atividades, por outro, podem aprofundar desigualdades e exclusões.

A realidade brasileira é múltipla. As tecnologias estão presentes a serviço de muitos, mas não de todos. Não podemos esquecer que no nosso país a dificuldade do ensino híbrido ainda é grande, pois, nos lugares mais humildes, há um *déficit* no acesso à tecnologia, muitos estudantes nem têm computador, celular ou *tablet*. Existe também o chamado analfabetismo digital, que é aquele que resume a falta de familiaridade com as ferramentas disponibilizadas para a sociedade.

CONSIDERAÇÕES FINAIS

O assunto proposto no presente trabalho é relevante e não é de tão simples abordagem. A pesquisa expõe aspectos que confirmam que o ensino híbrido se apresenta como uma proposta de ensino quase de caminho irreversível. O período de pandemia da Covid-19 conflagrou um aumento de sua adesão, entretanto, passada a crise, a metodologia de ensino empregada ainda permanece firme em muitas instituições.

Educadores, instituições e governos enxergaram no ensino híbrido uma estratégia para tratar de questões que o ensino presencial ainda não tinha por resolvido.

Sem dúvida, esse processo só foi possível devido à disseminação das TDICs. Alunos, em todo o país, dispõem de tecnologias em maior ou menor grau. Cabe aos pedagogos e professores discutir sobre o papel do docente ante as TDICs e também ao processo de personalização do ensino.

As vantagens apontadas na modalidade híbrida incluem amplo acesso a conteúdos e ferramentas que agreguem conhecimento, além da dinamização de atividades, integração de alunos, diminuição das distâncias e aproximação de pessoas, ainda que virtualmente. Otimização e administração do tempo, planejamento de atividades e conformação com necessidades individuais também podem ser consideradas vantagens do ensino híbrido. Entretanto, há de se ter o cuidado com as particularidades de aprendizagem de diferentes alunos e a acessibilidade às tecnologias. Muitos alunos não possuem acesso à internet e não dispõem de espaço adequado para o desenvolvimento de estudos em suas residências.

A adaptação de professores aos novos métodos de ensino também requer atenção, pois muitos são os desafios para a prática docente no atual contexto. O ensino híbrido pode ser uma resposta para as dificuldades de acesso às escolas, mas também à evasão, devido à falta de conformidade em horários de estudo.

Por fim, a utilização de métodos híbridos por docentes e experiências bem-sucedidas merecem ser compartilhadas e ampliadas. Mesmo com esses enfrentamentos e desafios, o ensino híbrido está cada dia se fortalecendo mais. Observamos um número significativo de professores que, mesmo não sendo preparados, rendem-se ao desafio de uma nova prática pedagógica, ao preparar vídeos e atividades *on-line*.

REFERÊNCIAS

ANDRADE, Daniele Prates Cordeiro Moretti de; MONTEIRO, EDUCAÇÃO HÍBRIDA: abordagens práticas no Brasil. **Revista Eletrônica Científica Ensino Interdisciplinar**, 5(14). 2022. Disponível em: https://periodicos.apps.uern.br/index.php/RECEI/article/view/1676. Acesso em: 11 jan. 2023.

BACICH, Lilian; TANZI NETO, Adolfo; TREVISANI, Fernando de Mello. **Ensino híbrido**: personalização e tecnologia da educação. Porto Alegre: Penso, 2015.

BACICH, Lilian. **Ensino híbrido**: esclarecendo o conceito. Inovação na educação. São Paulo, 13 set. 2020. Disponível em: https://lilianbacich.com/2020/09/13/ensino-hibrido-esclarecendo-o-conceito/. Acesso em: 15 set. 2022.

BRASIL. Ministério da Educação. **Base Nacional Comum Curricular**. Brasília: MEC, 2018.

CARLINI, Alda Luiza; TARCIA, Rita Maria Lino. **20% a distância e agora?**: orientações práticas para o uso da tecnologia de Educação a Distância no ensino presencial. São Paulo: Pearson, 2010.

CIEB. **Entenda o conceito de ensino híbrido e as condições para implementá-lo com o uso de tecnologias digitais.** 2021. Disponível em: https://cieb.net. br/ensino-hibrido-2021/ Acesso em: 13 out. 2022.

EDUCAUSE. **Things you should know about flipped classrooms.** 2012. Disponível em: https://library.educause.edu/resources/2012/2/7-things-you-should-know-about-flipped-classrooms. Acesso em: 19 out. 2022.

HORN, Michael B.; STAKER, Heather; CHRISTENSEN, Clayton. **Blended:** usando a inovação disruptiva para aprimorar a educação. Porto Alegre: Penso, 2015.

JÚNIOR, E. R.; CASTILHO, N. M. de C. **Uma experiência pedagógica em ação:** aprofundando o conceito e inovando a prática pedagógica através do ensino híbrido. SIED: EnPED - Simpósio Internacional de Educação a Distância e Encontro de Pesquisadores em Educação a Distância, 2016. Disponível em: http://www.siedenped2016.ead.ufscar.br/ojs/index.php/2016/article/view/1295/547. Acesso em: 8 fev. 2023.

KENSKI, Vani Moreira. **Tecnologias e ensino presencial e a distância.** Campinas: Papirus, 2003.

LINS, Betania. **Geekie debate 'Inovação disruptiva e sustentada na escola:** diferentes modelos e experiências possíveis para o ensino híbrido'. 2021. Disponível em: https://www.segs.com.br/eventos/279213-geekie-debate-inovacao-disruptiva-e-sustentada-na-escola-diferentes-modelos-e-experiencias-possiveis-para--o-ensino-hibrido. Acesso em: 22 out. 2022.

MOVPLAN. **Ensino híbrido:** entenda o que é e conheça as vantagens e desvantagens. Movplan, 2016. Disponível em: https://movplan.com.br/blog/ensino-hibrido. Acesso em: 3 mar. 2022.

MUNHOZ, Antonio Siemsen. **Tutoria em EaD:** uma nova visão. Curitiba: Intersaberes, 2014.

NOVA ESCOLA. Ensino híbrido: conheça o conceito e entenda na prática. **Nova Escola**, 2015. Disponível em: https://novaescola.org.br/conteudo/104/ensino-hibrido-entenda-o-conceito-e-entenda-na-pratica. Acesso em: 3 jan. 2022.

NOVO, Benigno Núñez. O ensino híbrido está no topo das tendências escolares para 2021. **Brasil Escola**, 2021. Disponível em: https://meuartigo.brasilescola. uol.com.br/educacao/o-ensino-hibrido-esta-no-topo-das-tendencias-escolares--para-2021.htm. Acesso em: 27 jan. 2022.

SASSAKI, Cláudio. **Ensino híbrido**: conheça o conceito e entenda na prática. 2016. Disponível em: https://novaescola.org.br/conte udo/104/ensino - hibrido - entenda -o- conceito -e-entender - na - prática. Acesso em: 4 abr. 2023.

SISTEMA POSITIVO DE ENSINO. **Ensino Híbrido**: Tudo que você precisa saber. 2022. Disponível em: https://www.sistemapositivo.com.br/tudo-sobre- -ensino-hibrido/. Acesso em: 4 out. 2022.

TUTOR MUNDI. **A monitoria da Escola do Futuro.** 2022. Disponível em: https://tutormundi.com/. Acesso em: 16 out. 2022.

VALE, Leandra; SILVA, Valéria. **Rotação por estações**: guia completo por duas professoras. Silabe, 2021. Disponível em: https://silabe.com.br/blog/rotacao-por- -estacoes/ Acesso em: 31 out. 2022.

VALENTE, J. A. A. Blended learning e as mudanças no ensino superior: a proposta da sala de aula invertida. **Educar em Revista**, Curitiba, Edição Especial, n. 4, p. 79-97, 2014. Disponível em: https://www.scielo.br/j/er/a/GLd4P7sVN8McLB-cbdQVyZyG/?format=pdf&lang=pt. Acesso em: 23 set. 2022.

A avaliação escolar hoje só faz sentido se tiver o intuito de buscar caminhos para melhorar a aprendizagem.

(Jussara Hoffmann)

A DIFICULDADE DE AVALIAR: UM RELATO PESSOAL DO PROCESSO DE SER PROFESSOR E DE SER APRENDENTE DA AVALIAÇÃO

Patrícia Sousa de Souza

INTRODUÇÃO

A vida de professor costuma ser "tudo junto, ao mesmo tempo, agora". Essa é uma frase popular que parece que foi feita para nós, professores. Ou será que foi um professor quem disse? Vai saber! Além dessa frase corriqueira, gosto muito de outra menos popular e que faz muito sentido para a nova fase de minha vida: *"Avaliar é preciso, saber como também"*, de Lívia Suassuna.

O QUE SENTI

Pensei que este relato poderia ser feito como eu trabalhava, com meus alunos, a leitura imagética; afinal, as lembranças são imagens em minha mente e preciso decodificá-las: o que vi, o que ouvi, o que senti. E seria interessante acrescentar o que aprendi.

De 2020 para cá, tenho procurado estar em constante formação. Estudando sempre, em especial coisas de que gosto. Sou professora da rede estadual de ensino do Rio de Janeiro desde 2006 e trabalhei em várias escolas diferentes em comunidades distintas. Tendo que sair de uma para outra e arrumar outros trabalhos para me manter. Era difícil conseguir estudar naquela época, os cursos não eram tão acessíveis quanto agora. Eu começava cursos e não terminava! Às vezes pagava com o maior sacrifício com outro *"trampo"* que tinha arrumado. Só que abandonava o curso mesmo pago. Como o dinheiro do professor é escasso, parei de tentar estudar.

Quando retomei minha disposição para os estudos, começaram a chegar à minha vida vários cursos de temáticas distintas, não obstante, um completava o outro de modos tão especiais que não conseguia fazer um por vez nem consigo explicar esse arrebatamento que senti. Era um que acabava juntando com outro. E lá estava eu fazendo pelo menos dois cursos ao mesmo tempo. E teria chegado até o final. Caso contrário não estaria compartilhando com vocês estas experiências.

Mas antes de viver esse momento bom, tinha dificuldades de começar e terminar uma atividade. Nada dava certo. Tive dificuldades com os dias de domingo à noite. Ouvir o tema musical do *Fantástico* era um gatilho. Não conseguia respirar, queria chorar. Na segunda de manhã, depois de uma noite maldormida, o medo tomava conta do meu coração. Ao mesmo tempo que o dever me chamava, a obrigação, os boletos. Ser professor não é nada fácil! É preciso olhar para dentro de si ao menos toda segunda e dizer: vou continuar! vou conseguir!

Não entendia o que tinha acontecido comigo. Eu brincava, quando criança, com giz, quadro negro, caderno. Era o dia todo dando aula. Meu querido pai achava graça. Nunca me disse que eu não deveria ser professora, assim como também nunca disse que sim. Era um homem sábio. Só tinha estudado até a quarta série de sua época e sempre dizia: "Pode-se fazer economia para tudo. Menos para comer e para estudar".

Sentávamos juntos no sofá e sonhávamos com as minhas séries escolares até chegar à faculdade com 18 anos. Nos meus 17, a morte o levou embora. Mas era questão de honra eu trabalhar para pagar a faculdade com que sonhamos. Não consegui começar a faculdade aos 18. Foi bem depois. Fui ser professora. Não tinha dinheiro para Pedagogia. Mas Letras, sim, dava para pagar e eu gostava também. Ser professor não é fácil nem na largada.

Logo passei no concurso do Estado em 2004, mesmo ano da graduação (2006 comecei numa escola). Alguns anos depois começou a ficar difícil trabalhar às segundas-feiras, como falei. Eu não estava preparada para a falta de afetividade dentro da escola e, o pior, a violência. Aqueles autores na faculdade, que diziam que o professor tinha que ser afetivo com seus alunos, não sabiam o que era uma sala de aula como aquela. Eu não conseguia nem chorar. "É melhor desistir de ser professora", pensava. "Eu não sou boa nisso. Não sirvo pra isso".

Por alguns anos (pareceu uma eternidade) trabalhei em escolas com alunos violentos, que brigavam fisicamente, falavam palavrões a cada minuto, roubavam itens uns dos outros e até de minha bolsa e estojo se eu desse oportunidade. Era cada um por si.

Uma direção escolar que não percebia que era necessário fazer algo por aquelas crianças e por aqueles professores. Eu trocava de escola, mas não conseguia uma nova realidade. As pessoas trabalhavam sozinhas num

CIEP, numa escola pequena. Era muito difícil para qualquer professor lidar com salas violentas, cheia de dores e necessidades. Mas eu achava que era a pior de todas! Eu nunca tinha sido preparada para aquilo, e os colegas estavam lá há anos, eles conseguiam? Eu não conseguia me sentir bem ao tentar dar conta de um conteúdo que, quando chegava ao final do tempo de aula, nem fazia sentido ter sido ministrado no meio de tanto tumulto e desinteresse.

Eu olhava para aquelas turmas e sentia uma vontade de parar tudo que era pedagógico e fazer outra coisa. Mas o quê? Eu não fazia ideia. Senti-me desejando fazer algo de positivo sozinha. Adoeci mentalmente. Tinha uma dor incessante no peito. Eu não reconhecia no que estava me transformando. Uma professora que gritava pedindo silêncio. Essa não era eu.

Não sou uma florzinha. Aliás sou, tenho bastante espinhos. Porém, não gosto de brigas, discussões, gritos. Mas eu gostava tanto de dar aula! Era um sonho romântico. Lá no sonho, não tinha esses gritos não! Via-me a cada dia uma professora sem esperança, uma mulher que olhava para frente e nada via. Onde estavam os sonhos sobre o futuro em parceria com meu pai?

Toda hora pensava em desistir. O medo me paralisava. Olhava os jornais, procurando outro tipo de emprego. Mas o que eu ia fazer? Não tinha condições de fazer faculdade sem o trabalho. E a segurança de estar num emprego público? O que seria de mim sem a certeza de um salário? Não sabendo fazer outra coisa, além de lecionar, uma energia dentro de mim me empurrava para melhorar. Era preciso melhorar a qualidade de quem eu era por dentro para ter uma quantidade de dias razoáveis na escola.

A dor não era por um motivo exato. Não era só a desvalorização por conta do salário, do governo, dos alunos, da gestão. A dor estava em função de vários insucessos e insatisfações com a profissão que eu tinha escolhido. Minha profissão também era eu. Minha profissão me dava pouco e eu queria mais. Os filhos exigiam a presença constante da mãe (fui mãe em 2010 e depois em 2015). E a professora precisava trabalhar mais, pagar mais boletos e não conseguia.

No entanto, ao mesmo tempo que não dava conta da minha vida, eu queria dar conta da vida escolar daqueles meninos e meninas. Eu me importava muito e queria fazer a diferença na vida daqueles alunos. Mas não sabia como. Estava naquele processo eterno de perguntas internas sem chegar a nenhuma resposta. Eu precisava fazer algo por mim. Decidi. Resolvi sair dos lugares que me entristeciam, admitindo para mim mesma: *"Eu não sei como trabalhar aqui".*

Então, procurei ajuda profissional com psiquiatra e comecei com os remédios. Fiquei triste e envergonhada por tomar medicação, até que percebi, pelos colegas conversando comigo, informalmente, na sala dos professores, que o professor que não tomava medicação não era professor de verdade. Descobri que era meio que um pré-requisito.

Não tinha dinheiro para terapeuta. Tentei no Posto de Saúde. Não consegui manter por muito tempo. Consegui por uma faculdade que oferecia gratuitamente para que seus alunos pudessem praticar. Foi funcionando porque era via internet. Aos trancos e barrancos, como se diz popularmente, fui retomando minha autoconfiança e autoconhecimento que ficaram perdidos em alguma parte do caminho. Mas esse processo foi longo e tem sido contínuo. Até para se tratar o professor tem dificuldades. E, além disso, é um processo. Nada é fácil. Você já conheceu alguém que passou por isso?

Com o tratamento, e lembrando sempre que eu não sabia fazer mais nada além de ser professora, as resoluções pessoais e profissionais – uma coisa se confunde com a outra – começaram a fluir. Pausadamente. Fui aprendendo a perder a pressa. A educação é um processo. Planta-se hoje. Colheita? Só o tempo dirá, às vezes muito tempo.

O QUE VIVI

Mudei de ares. Fui trabalhar nas escolas do sistema prisional (de 2013 até 2020). Lá aprendi a ser professora. Lá comecei a aprender muitas coisas. Aprendi a trabalhar, me importar e saber o limite entre ambos. Aprendi a avaliar a mim mesma. Avaliar meu trabalho. Reorganizar o trajeto pedagógico para oferecer o melhor para aqueles alunos.

Minha preocupação, agora, não era a violência dentro da sala de aula, nem a indisciplina. Recebi homenagens dos alunos. Nunca tinha acontecido isso. Isso me fez bem. Comecei a pensar que talvez eu não fosse uma professora tão ruim assim. Não estava em turmas regulares por estar em acompanhamento psiquiátrico, estava como articuladora pedagógica. Uma função para quem está no limbo (no meu caso entre a saúde e a camisa de força).

Então, a direção me colocou responsável pela remição de pena pela leitura. É uma política pública prisional e educacional aplicada no Brasil, a saber: Nota Técnica n.º 72/2021/COECE/CGCAP/DIRPP/DEPEN/MJ – Ministério da Justiça, Departamento Penitenciário Nacional. Aqui no estado do Rio de Janeiro algumas escolas são parceiras da Secretaria Estadual de Administração Penitenciária (SEAP) na implementação e execução. Eu precisava aprender como se aplicava essa política. Não sabia nada sobre o assunto e as informações chegavam aos poucos.

Abracei este desafio como uma grande oportunidade de aprendizado. Além disso, acabei retomando contato com o que eu tinha perdido: sentido, em primeiro lugar. Um trabalho que fazia sentido era muito bom. E em segundo lugar, livros. Nossas aulas eram dentro da biblioteca. Eu tinha tempo para pensar nas minhas aulas; eu tinha pessoas interessadas (de verdade); o número de alunos só aumentava (estou falando de 5 pessoas por aula até 20 pessoas) e tinha fila de espera. Os espaços físicos nas escolas prisionais não comportam muitas pessoas. Para se ter uma ideia, a sala de alfabetização tinha forçadamente onze alunos e a fila de interesse de mais de cem pessoas.

Para você que lê este relato ter noção dessa dificuldade, a população presa no Brasil é composta por jovens adultos até 34 anos (62,11%) e até 25 anos (23,29%) cujos processos de ensino-aprendizagem há muito foram interrompidos (Torres *et al.*, 2020). Um dia, ajudando a escola a fazer novas matrículas, alguns interessados que eu atendi preenchendo por eles a ficha informaram que abandonaram a escola entre os 7 ou 8 anos de idade e nunca mais voltaram, até serem presos após os 18 anos ou mais.

É só olhar novamente os percentuais citados e verificar que eu estava fazendo matrícula de pessoas entre 24 e 34 anos: só que era para a alfabetização. Fiquei pasma, atordoada e pude compreender a falta que o Estado faz. Onde esteve a educação como um direito social da criança?

O que eu estava vendo e vivendo era aplicar o direito à educação, depois que a infância se foi e diante de mim havia um adulto, criminoso, julgado pela Justiça e sem direito à liberdade. Enquanto foi criança não teve direito à Educação, como é bem explicado em Trezzi (2021, p. 942):

> [...] por direito à educação entende-se, aqui, não apenas a garantia de acesso à sala de aula, mas também a permanência na escola com Educação de qualidade. Compreende-se qualidade como as condições para que o educando tire o melhor proveito da Educação que lhe é oferecida sem que precise abandonar a escola por qualquer motivo. Assume-se a equidade como princípio norteador da qualidade educacional.

Eu tinha em minha sala, para a remição de pena pela leitura, pessoas alfabetizadas, com idades entre 24 e 60 anos. Comecei a sofrer por quem não sabia escrever. Mas logo me recompus: "faça apenas o que está ao seu alcance" (a terapia estava começando a funcionar). As séries estavam entre oitavo e nono anos, alguns no ensino médio e outros com o ensino médio completo em outras unidades prisionais antes de chegar àquela em que estávamos.

E todos nós, professora e alunos, tínhamos um objetivo comum naquela sala: ter um bom desempenho no dia da redação da resenha. O direito à diminuição de pena estava atrelado à leitura de livro e redação de resenha comprobatória com a nota mínima 6.0 para ser aceita como documento (eu tinha uma séria responsabilidade e não tinha bem a quem perguntar o que fazer). Quando consegui, ouvi: "entrega o livro e manda eles lerem". Como? Eu não sou capaz de fazer só isso!

Fui pesquisar na internet e encontrei a lei. Combinei com os alunos que nos primeiros dois ou três meses eu iria apontar que obras leriam. Depois, eles poderiam pegar os livros que quisessem. Precisei me organizar dessa forma por conta da quantidade de livros na biblioteca, era um bom acervo. Foi uma forma de orientar a sala de aula (e a mim também, afinal era um desafio). As obras clássicas que costumavam cair nos pré-vestibulares tinham às vezes quatro a cinco livros do mesmo título e isso era um facilitador para a leitura em grupo, as rodas de leitura.

Ambos: rodas de leitura e tais autores estavam previstos na lei e na lista de livros enviados pelo Ministério Público. As documentações norteadoras foram chegando aos poucos ou eu encontrava na internet. Além da leitura eu tinha que dar conta da resenha: ensiná-los a estudar, a organizar o pensamento e a escrita, o tempo de escrever e escrever sem acesso a nada a não ser o livro (como professora achava injusto, mas estava na lei). Não era pouco trabalho até a prova no trigésimo dia após a entrega do livro. Era aula de literatura como há muito tempo eu não conseguia ministrar. Aquela coisa apaixonada que só os grandes autores podem nos proporcionar em deleite.

E eu dava aula de verdade, não apenas entregava livros: era literatura, redação, gramática. Tudo ao mesmo tempo (é sempre tudo ao mesmo tempo). Era o meu paraíso pessoal (ou seria profissional?). Sem mencionar que há muito tempo eles não faziam redação ou não estudavam. Havia as diferentes séries participando da remição. Eu estava lidando com dificuldades de aprendizagem distintas e ao mesmo tempo ansiosamente feliz para que tudo corresse bem.

Na escola dentro da prisão as preocupações estão mais pertinentes ao pedagógico. Era como lidar com as faltas, como ensinar melhor e fazê-

-los sair-se bem no dia da prova de redação da resenha dos livros lidos. Momento no qual eu poderia ter o Ministério Público atento, a minha direção preocupada se tudo que está na legislação foi respeitado, a SEAP fiscalizando a qualquer momento. Era muita responsabilidade, afinal, eram homens encarcerados querendo diminuir suas penas. No entanto, nada me abalava. Ficava positivamente ansiosa. Só ficava cismada com aquela rubrica de avaliação para dar nota naquela prova. Nossa! como isso me incomodava. Sentia que faltavam informações. Não sabia como resolver.

Procurava me organizar de modo a estudar para estar preparada. Na biblioteca encontrei livros interessantes para minha formação continuada. Um deles revelava perguntas que ecoam sobre o que a boa literatura pode proporcionar numa sala de aula específica como esta: "Seria a literatura, por evocar para si uma separação com o real, uma forma extremada de alienação humana tal qual ocorreria nas religiões? Evocando Marx, seria ela também o 'protesto' contra um mundo que precisa de ilusões?" (Gonçalves Filho, 2002, p. 73).

Sem saber que essas perguntas epistemológicas sobre o conceito de Literatura existiam, os alunos comentavam espontaneamente: "Professora, nunca pensei que fosse gostar tanto de Machado de Assis. Quero ler outros livros dele, posso?"; "Professora, estar nesta sala é esquecer onde estamos e ir para outro lugar sem sair do lugar"; "Professora, aqui neste texto está se referindo a negrinha. Não se pode falar desta maneira com uma pessoa negra. É um desrespeito". E assim se alimentavam as discussões nas rodas de leitura. Até o dia em que ouvi: "Professora, por sua causa passei no ENEM. Nunca pensei que pudesse entrar numa faculdade até assistir à sua aula e aprender redação com a senhora". Nossa!

A literatura os atravessava e trazia à tona as suas subjetividades. Era um momento de voz individual dentro do coletivo, sem ser coletivo. Poderia haver quem concordasse ou discordasse enquanto o respeito se mantinha no ar. Uma sala de aula normal, por assim dizer. Uma escola. Emanava de nossos encontros diários um conhecimento de si e das coisas – mesmo com todo o aparato de regras, um regime disciplinar rígido da prisão –, eu escutava dessas pessoas privadas de liberdade suas ideias e pensamentos sobre o futuro. Seus sonhos de sair dali um dia, pessoas amadas que queriam encontrar. Que as dificuldades que existiam ali eram passageiras.

Fiquei contente e junto comecei a me sentir mal porque, embora estivesse feliz com o que fazia no trabalho, eu ainda estava numa fase ruim pessoalmente, marido desempregado, crianças pequenas. Não via para mim um futuro claro. Parecia ainda uma nuvem negra nos meus dias à frente. Envergonhei-me desses sentimentos diante de pessoas que não tinham água para beber em alguns dias, ou uma comida decente para comer, uma cama onde dormir.

Via e vivia parte do que estava escrito em Foucault sobre as prisões (2014, p. 228): "na prisão o governo pode dispor da liberdade da pessoa e do tempo do detento; pode regular o tempo da vigília e do sono, da atividade e do repouso, o número e a duração das refeições, a qualidade e a ração dos alimentos".

Imagino que pela sua cabeça esteja passando que eles escolheram um caminho ruim para chegar até ali, que tinham que ficar sem água mesmo e tal! Mas a questão de que falo não é esta! Aqueles homens privados de liberdade, de dignidade e até daquilo que nos faz humanos, apesar de tudo que faltava, falavam sobre esperança, sobre futuro e eu não entendia como.

Eu me sentia sem esperança e eu tinha tudo (estava escasso e difícil, não faltando). E eu estou falando desta tristeza e escuridão que tinha invadido meu coração como pessoa e profissional. Desse vazio que invade o coração de um professor pelos mais diversos motivos, desanimando-o a ponto de não ter vontade do seu ofício.

Ainda estava impregnada desses sentimentos, embora estivesse em terapia, feliz ali naquele tipo de sala de aula, eu ainda saía de casa para menos um dia de trabalho. Estava num turbilhão de perguntas em minha cabeça, outra fase de questões: o que me faz acordar de verdade de manhã? Pra que eu acordo? Por que isso? O que está me faltando? Por que esse vazio? Por que já amanheceu de novo e eu abri os olhos?

As aulas estavam me resgatando como profissional. Uma professora cujo ofício fazia sentido. Faltava resgatar a pessoa feliz dentro da professora. Continuei a mergulhar e a buscar o melhor dentro de mim para fazer um bom trabalho. Precisava terminar o que comecei. Se tem algo que a falta de esperança nos arranca é a disciplina de começar e terminar algo. Isso eu entendi.

Creio eu que a afetividade passou a morar naquela biblioteca. Que a afetividade estava sendo construída do professor para o aluno e do aluno para o professor numa sala de EJA, na educação não formal, no sistema prisional. Que a Literatura estava atravessando as subjetividades, criando sujeitos.

Mesmo sendo a remição de pena pela leitura uma política pública educacional para as prisões e para aqueles, em especial, que não têm acesso à escolaridade formal, o que ocorria dentro daquela biblioteca era muito maior. Era, talvez, como dito por Saltini (2009, p. 62): "quem não se percebe não percebe o outro e quem percebe o outro passa a se perceber sincronicamente. Portanto, não existe saída do egocentrismo sem a percepção do outro e de si mesmo ao mesmo tempo e reciprocamente". Era isso! A Literatura tocava o professor e o aluno.

O educador que atua no sistema prisional, percebi eu, precisa ser visivelmente ético, ter senso de justiça apurado e flexibilidade para lidar com o que interfere nas aulas – questões bem distintas das escolas extramuros: são as transferências de pavilhões, alas, galerias e entre penitenciárias, revistas e contagem de presos. Há a falta de servidores penitenciários, agora denominados polícia penal. Também há atividades, como relatado por Torres *et al.* (2020), em que os presos participam que podem concorrer com o horário de estudo, como trabalho, horário de visita, até os cultos religiosos. Várias interrupções durante a semana ou atrasos na chegada dos alunos à escola, tudo em nome da segurança. Flexibilidade, paciência e humildade precisam fazer parte de nossos sobrenomes.

Essas ocorrências não afetavam tanto minhas aulas, provavelmente porque a intenção final delas era a diminuição de suas penas com a redação da resenha. A visita das famílias no final de semana, naquela penitenciária, também era uma problemática a menos para as aulas. Até nisso meu momento era mais positivo, já tinha vivenciado em outras unidades um grande número de faltosos, era difícil lidar.

Mas, nessa fase da remição, quando havia algo que pudesse interferir em nossa dinâmica, eles me mantinham informada para que pudéssemos traçar uma nova estratégia de estudos. A maior dificuldade mesmo era a ausência de espaço físico adequado, a fim de que pudessem ler os livros e rascunhar seus textos fora do ambiente escolar. Esta questão do ambiente físico é corroborada por Torres *et al.* (2020) também.

Segundo a lei que regula a remição de pena pela leitura, é preciso fazer dinâmicas de leitura para ajudar os privados de liberdade a estarem preparados antes da escrita da resenha. E neste dia do exame nenhum deles poderia estar com anotações que tenham feito durante o período de aula e leitura. Tão somente poderiam ficar de posse dos livros lidos.

Para pessoas que estavam há tanto sem estudar e que passavam por vários obstáculos na tentativa de manter uma rotina de estudos, a professora precisava mediar e criar uma estratégia de trabalho. Eu estava também há muito tempo sem estudar. Então, fui aprendendo a lidar com as situações conforme os dias passavam e as pesquisas que fazia.

O QUE APRENDI

Procuramos manter um acordo de que nada poderia sumir ou ser danificado, o material básico, lápis, borracha, pasta, papéis, envelopes. Um mural organizado com os critérios de correção da redação (rubrica de avaliação), exemplos básicos de como escrever uma resenha, dicas de regras gramaticais, a pasta com todas as produções de estudo e rascunhos que faziam. Esta última eu manteria como um portfólio (instrumento avaliativo) que me ajudaria a dar notas e justificar o trabalho desenvolvido, caso o Ministério Público ou a SEAP viessem nos fiscalizar.

Tudo foi proposto por mim em conversa com os alunos e também suas ideias foram ouvidas (escuta ativa). Assim, nos reorganizamos na medida em que descobrimos o que era ou não viável (na opinião deles ou na minha). Eu os mantinha responsáveis e comprometidos com seus estudos.

Com uma rotina organizada, mesmo que eu ficasse doente e não pudesse ir trabalhar ou a escola me solicitasse participar de algo na Secretaria de Educação (parte da função do articulador), eles tinham tudo à mão e sabiam como continuar estudando e executando suas anotações para o dia da prova. Era um trabalho colaborativo em que eu professora procurava estimular a autonomia dos alunos sobre seus estudos. Funcionava bem. Aliás, funcionava muito bem. Como dito pelos meus colegas que acolhiam a turma em minha ausência.

Eu procurava documentar tudo ao máximo. Sentia por intuição que tudo que faziam deveria ser levado em conta e que só o momento da prova não era suficiente para avaliá-los. Eu tinha de ser ética e justa porque já eram meus valores, mas também não esquecia com que tipo de pessoas estava lidando. Tratava-se da vida deles. Hoje, sei que estas decisões foram sábias, pois Zilio (2010 *apud* Vilarinho *et al.*, 2017, p. 322) corrobora minha intuição, daquele momento, ensinando-me que:

> [...] o uso do portfólio pode levar a uma mudança na concepção de avaliação: o professor deixa de ser o 'examinador' e o aluno o 'examinado', pois o que prevalece é a situação de parceria, sem perda do rigor e da seriedade impostos pela complexidade dos processos avaliativos. Assim, o portfólio vai muito além da perspectiva de mero instrumento de coleta de dados

sobre o desempenho dos alunos, sendo visualizado como uma oportunidade de vivenciar reflexivamente o próprio processo de formação, permitindo identificar dificuldades, necessidades e concepções que o compõem.

Esse portfólio eram registros de suas leituras, a partir do que ensinei sobre como resumir as anotações de características mínimas de uma boa resenha de obra: como contexto e origem da obra; esquema e análise da obra; observações finais e apreciação crítica da obra. Na biblioteca, por intuição, eu considerava importante dividir o estudo em três partes: antes de ler, durante a leitura e, por fim, o momento de escrever a resenha.

Didaticamente, procurava dar autonomia aos alunos e os ensinava a estudar. Com os livros de mesmo título ou mesmos autores ou épocas, procurava montar grupos. Organizava as aulas numa sequência didática, de modo a desenvolver entre eles uma escuta ativa e um trabalho colaborativo. Aqueles que tinham maior facilidade na escrita auxiliavam os que tinham menos, conforme dito por Luiz (2022, p. 7):

> Ao considerarmos a avaliação enquanto um processo contínuo, cumulativo e sistemático, de caráter diagnóstico e prognóstico, é importante optarmos por metodologias avaliativas que contemplem essas características, como avaliação formativa e avaliação por pares. Considerar o estudante como sujeito ativo no processo avaliativo possibilita maior envolvimento e comprometimento dele em seu processo de ensino e de aprendizagem. Além disso, reduz sensivelmente o nível de estresse e de ansiedade desses sujeitos, gerando menores conflitos nas relações entre professores e alunos nas salas de aula.

Sem saber exatamente, eu estava executando, ao mesmo tempo, o que preconiza Antunes (2014, p. 9) sobre as relações interpessoais na sala de aula, cujos procedimentos emocionais e pedagógicos garantem a integração de todos, diminuem os ruídos na comunicação e "estabelecem laços sólidos nas relações humanas". Sabendo o que sei hoje, não ficaria tão insegura por seguir minha intuição. Consideraria esta como uma parceira – e vou sempre considerar, pois aprendi que intuição é um tipo de inteligência importantíssima.

Além disso, agora, sei nomear as metodologias que usei à época. Isso significa que também avancei. Consigo olhar para aquela biblioteca onde as aulas aconteciam e ver que não era apenas professora, era também avaliadora e estaria usando três tipos de abordagens avaliativas, conforme preconiza Leite (2023):

avaliação iluminativa: ao se avaliar o processo de aprendizagem, a avaliação iluminativa irá buscar dados, evidências, não apenas nos planos formais de ensino, mas também no currículo "oculto" ou "latente", vivenciado pelos alunos. O avaliador se concentra na tarefa de coletar e interpretar dados (p. 119).

avaliação formativa: verificar se os resultados esperados estão sendo alcançados, acompanhando e analisando os pontos fortes e fracos de processo, e assim poder interceder em um trabalho de recuperação do processo ou mudar as ações antes de avançar para a etapa seguinte (p. 203).

avaliação somativa: determinar o valor ou a qualidade do objeto avaliado para decidir o seu futuro, sua continuidade ou não, ou seja avaliar, classificar, informar, certificar e dar feedback sobre o resultado do período letivo. Avaliar o grau ou nota que os resultados globais alcançam ao final de um curso (p. 235-236).

Aprendi que o que faz melhorar é a avaliação. Até chegar aqui foram vários anos indo para o trabalho e retornando para casa esperando por menos um dia no calendário. Lembra? Era frustração e sensação de dias sem futuro. E agora que estudo muito sobre a avaliação, descortinaram-se várias possibilidades diante de mim. Inclusive, foi lá, naquela biblioteca, que voltei a ter contato com essa rubrica de avaliação na folha de prova de redação. Algo de que nem me lembrava mais. Há pouco tempo atrás eu mal tinha alunos interessados na minha aula. Saía de uma escola para outra. Eram tão distantes. Mal conseguia estudar e dar conta de meu cansaço e de dar atenção à minha família. Como iria conseguir lembrar do que era avaliar com justiça e transparência?

Estudar avaliação da aprendizagem foi uma boa estratégia como formação continuada. Reside aí outra dificuldade do professor: estudar continuamente com tempo e rotinas equilibradas. A correria do cotidiano nos impede de fazer o que devemos fazer de jeito que o conceitual ampare a prática. E venci isso, procurando um novo caminho sem sair do meu ofício.

Aprendi que rubricas têm fundamental importância na avaliação de competências, de forma justa e transparente (bem acima da prática do exame). Sendo assim, chego a Fernandes (2021, p. 12), que diz que as rubricas melhoram três elementos importantes pedagogicamente: "processos de aprendizagem, de ensino, de avaliação e de classificação".

Você deve estar pensando como outros colegas me disseram: "Isso aí é só um jeito novo de falar sobre critérios". Sinto dizer que de novo não tem nada. Os professores de língua inglesa tiveram que usá-los em seus exames de Toefl. Pois, para avaliar o nível de competência linguística, é preciso bem mais que só dar uma prova para nota.

Está bem, você vai dizer que não é dessa área. Então, terei de lembrá-lo que a redação do ENEM tem uma cartilha explicando cada item da sua rubrica para avaliar a competência do aluno nesta etapa do exame realizado desde 1998. Você vai insistir e eu vou recorrer novamente a Fernandes (2021, p. 33):

> [...] a avaliação pedagógica e a classificação são processos incontornáveis quando se pensa acerca do currículo e do seu desenvolvimento, e as decisões que se tornam no seu âmbito estão intrinsecamente associadas às formas como os alunos organizam seu estudo, como participam e se comportam nas aulas, como se motivam a estudar e, naturalmente, como aprendem.

Na Figura 1, a rubrica na folha de prova da redação fornecida pela SEAP.

Figura 1 – Ficha de Avaliação

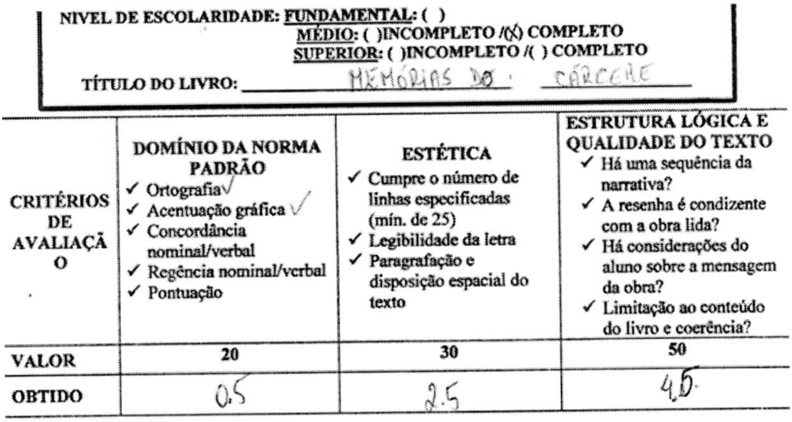

NIVEL DE ESCOLARIDADE: FUNDAMENTAL: ( )
MÉDIO: ( )INCOMPLETO /(X) COMPLETO
SUPERIOR: ( )INCOMPLETO /( ) COMPLETO
TÍTULO DO LIVRO: _____ MEMÓRIAS DO · CÁRCERE _____

CRITÉRIOS DE AVALIAÇÃO	DOMÍNIO DA NORMA PADRÃO	ESTÉTICA	ESTRUTURA LÓGICA E QUALIDADE DO TEXTO
	✓ Ortografia✓ ✓ Acentuação gráfica ✓ ✓ Concordância nominal/verbal ✓ Regência nominal/verbal ✓ Pontuação	✓ Cumpre o número de linhas especificadas (mín. de 25) ✓ Legibilidade da letra ✓ Paragrafação e disposição espacial do texto	✓ Há uma sequência da narrativa? ✓ A resenha é condizente com a obra lida? ✓ Há considerações do aluno sobre a mensagem da obra? ✓ Limitação ao conteúdo do livro e coerência?
VALOR	20	30	50
OBTIDO	0.5	2.5	4.0

Fonte: a autora

Naquelas aulas dentro da cadeia, eu precisava ser justa. Eu precisava levar em consideração o esforço de cada um, a participação nas aulas (inclusive construí um portfólio para deixar isto bem amarrado), o comportamento, o relacionamento interpessoal na roda de leitura. E a rubrica de avaliação que eu tinha não contemplava isto, veja: a parte de estrutura lógica e qualidade do texto e estética. Não havia nada do antes da leitura do livro e durante a leitura do livro, nem ao menos tem informações mais concentradas na resenha. Não há níveis, nem pontuação para cada critério, exemplo, domínio da norma padrão; como chegarão até 2.0 pontos?

Eu nem posso mudá-la. Posso usar outros argumentos. Daí, fiz o que já comentei sobre o portfólio, as anotações. E ao me debruçar mais sobre rubricas, fiz novas descobertas: as rubricas devem ter um desenho, um propósito e associatividade. Tudo apropriado para o produto a que se destina avaliar prontamente com a performance de quem é avaliado. Tudo de que eu sentia falta, mas não sabia nomear.

A rubrica de avaliação é considerada um valioso instrumento na avaliação formativa e no *feedback*, que, para Machado (2021, p. 3), "é uma das competências centrais e mais poderosas que o professor deve dominar para garantir uma avaliação formativa com impacto positivo nas aprendizagens dos alunos". Um tipo de avaliação que ajuda o aluno a aprender. Eu vivi isto e posso recomendar.

O que se depreende das considerações desse autor sobre a avaliação enquanto ciência é que ela é multidisciplinar, transdisciplinar e interdisciplinar. Essa compreensão dá aos professores a certeza de que ela não pertence somente à educação. E que é possível beber de fontes de conhecimento distintas. Assim como outros saberes buscam na educação novas formas de ver e pensar a avaliação. Pensando assim, matemática e suas tecnologias, ciências e suas tecnologias podem sentar-se e construir critérios com níveis de competência que identifiquem diagnóstica e prognosticamente a avaliação da aprendizagem de seus alunos. E podem e devem atualizar suas rubricas sempre que considerarem necessário, bem como, dependendo do nível de maturidade de seus alunos, incluí-los nesse processo de construção.

Além das rubricas de avaliação, considero a autoavaliação um excelente instrumento para usar consigo e com os alunos. Entendo inclusive aqueles questionamentos em minha cabeça que comentei anteriormente como autoavaliação.

Aqueles questionamentos que confundiam meu pensamento, naquela fase de dúvidas e medos, eram um processo de autoavaliação. Não falo da que tradicionalmente é executada no ensino superior, normalmente, e pouquíssimo na Educação Básica como afirmam os autores Pereira *et al.* (2020, p. 4):

Um modelo em que os professores internalizam a disposição e as habilidades para estudar a forma como ensinam e se tornam melhores para ensinar ao longo do tempo, um compromisso de assumir responsabilidade por seu próprio desenvolvimento profissional.

Era uma conversa comigo mesma. Era uma autoavaliação profunda. Vinha da alma, exigindo mais de mim mesma. Era o corpo insatisfeito. Era o espírito indignado. Para mostrá-la, adaptei de uma proposta antiga e fiz esquema para tentar mostrar melhor para você o que se passava comigo.

Figura 2 – Minha autoavaliação

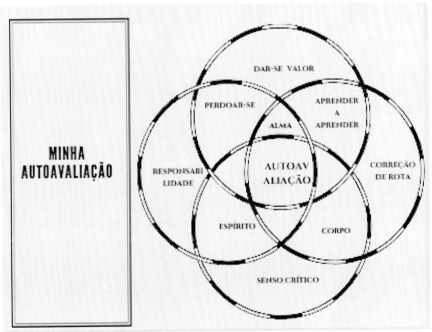

Fonte: a autora, adaptado de Prof. Dr. Jean-Claude Régnier, 2002

É disto que se trata: autoavaliação por meio do autoconhecimento, pelo pensamento crítico de si e de que ninguém poderá fazer nada por você. Seu caminho é único. Sua história é você quem constrói com as pedras que o machucaram no caminho. Quanto mais moído você foi, mais retorna à sua forma de maneira consciente e respeitosa por si mesmo. Sempre de dentro pra fora. Sempre correlacionando corpo, alma e espírito com o autoperdão.

Aprendi que o trabalho que eu escolhi pode não me satisfazer, não me dar realização pessoal. Por isso, por meio da autoavaliação consegui descobrir o que me satisfaz. O que me potencializa a acordar de manhã. Recomendo que faça o exercício com a pirâmide de Maslow, avaliando o que te falta, mas principalmente o que você tem (não olhe o copo só meio vazio). Aprendi que preciso deixar existir na minha vida um trabalho que pague os boletos, somando a algo que eu goste de fazer e me dê prazer. Assim, encontro sentido para a minha vida ao concordar com a célebre frase de Nietzsche, que diz: "quem tem um porquê enfrenta qualquer como".

Acredito que esse era o processo pelo qual eu estava passando. Vendo que a vida é boa, até maravilhosa, ao mesmo tempo é difícil, espinhosa, dolorida. Tudo junto ao mesmo tempo agora ou uma hora de baixa, um momento lá em cima. Aqueles homens presos estavam de alguma maneira me ensinando isso. Fui atrás de conhecimento. Aprendi. Cresci.

Eu, primeiramente, consegui ler os sinais de que estava mal e precisava ficar bem. No novo momento, consigo ler que estou bem e consigo compreender que esse bem pode ir além. E a maravilhosa vida dá um novo sinal para a mudança. O autoconhecimento e a autoavaliação mostraram-me que o que me dá empoderamento é estudar e ter a oportunidade de compartilhar o que aprendi. Eis o que faço agora, compartilhando com vocês.

Quando um professor vive tantas dificuldades em termos de esforço pedagógico – tanto em relação às provações de lidar com alunos quanto às emoções atribuladas destes que podem desestruturá-lo emocionalmente, somadas às dores de toda a sala de aula – e ainda tem que dar conta de escolas, horários, turmas, aulas, direção, todos muito diferentes, é difícil ver as delícias da profissão e os melhores dias que podem estar nesse meio.

Aprendi que essas dificuldades acontecem porque lidamos com as nossas necessidades e as necessidades do outro. E elas nem sempre se equivalem. Veja a pirâmide de Maslow:

> A famosa hierarquia de necessidades de Maslow, proposta pelo psicólogo americano Abraham H. Maslow, baseia-se na ideia de que cada ser humano esforça-se muito para satisfazer suas necessidades pessoais e profissionais. É um esquema que apresenta uma divisão hierárquica em que as necessidades consideradas de nível mais baixo devem ser satisfeitas antes das necessidades de nível mais alto. Segundo esta teoria, cada indivíduo tem de realizar uma "escalada" hierárquica de necessidades para atingir a sua plena auto-realização (Periard, 2023, s/p).

Figura 3 – Pirâmide de Maslow

Fonte: a autora

Note que as necessidades básicas estão na base da pirâmide e precisam ser atendidas em primeiro lugar, para que se escale até o topo. Lembra quando eu estava em salas de aula violentas? O que deveria estar faltando aos alunos era justamente a base: necessidades fisiológicas e segurança. Como pode o professor falar sobre moralidade, criatividade, solução de problemas para quem não dorme (com barulho de tiro), tem um responsável desempregado?

Ao entendermos que não fazemos o suficiente porque não é nosso papel, deixamos de adoecer. Sozinhos, professores não dão conta de tudo. E quanto ao professor? Quais são as necessidades básicas que estão sendo plenamente ou parcialmente atendidas? Passei por fases de crise financeira e desemprego no âmbito familiar, além de salário que não satisfazia às necessidades básicas (a desvalorização do professor proporciona salários insuficientes para dar conta plena de todas as necessidades). É possível fazer um simples exercício com essa pirâmide pintando completamente ou parcialmente as áreas propostas por Maslow.

Figura 4 – Pirâmide Muda

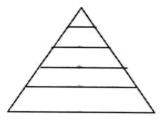

Fonte: a autora

Alguns itens básicos da pirâmide eu tinha, mas neste meu exercício não eram suficientes para deixar meu psicológico bem. Não tinha como ajudar pessoas que precisavam de ajuda e que eu não tinha para dar. Não era uma questão de incompetência, e somente a autoavaliação levando-me ao autoconhecimento seria ferramenta para minha melhora.

Para esta professora que tenta relatar as dificuldades pelas quais passou e que podem ser parecidas com as suas, os melhores dias vieram quando eu olhei para mim mesma e procurei, primeiramente, me manter em pé. Achei um modo de suprir as minhas necessidades.

Minha inquietação sobre a rubrica de avaliação lá do sistema prisional seria vencida nessa nova fase. Estou Mestranda Profissional em Avaliação. Estudar é o que me mantém potente e foi mudando o meu caminho como professora. A rubrica de avaliação foi o início de uma nova fase. Descobri uma paixão: estudar sobre avaliação e sobre felicidade. Quanto à autoavaliação, foi por meio desse instrumento que compreendi o melhor de mim, naquelas aulas que aconteciam na biblioteca, com alunos que poucos professores querem.

O QUE RECOMENDO

A avaliação propõe ao seu final recomendações. Não é como na pesquisa científica, por exemplo, que você chega às considerações finais. E sabe por que ela pode recomendar? Porque ao longo de seu processo foi por meio dela que se levantaram dados e informações que se transformam em fontes para a tomada de decisão.

Caro colega, aprendi e recomendo que é preciso saber viver. Não há receita de bolo. Cada um faz seu caminho, caminhando à medida que conhece a si mesmo. Importar-se com os alunos e com o que se leva para a sala de aula, para construção de conhecimento crítico e autônomo é positivo. Ainda melhor é saber que nada que fizermos será suficiente. Isso é libertador. Melhora nossa saúde mental. Libera o ego.

Porque nosso trabalho é em colaboração com os demais atores da comunidade escolar. Achar que resolveremos sozinhos, não tenho palavras delicadas para dizer que não será possível. Sabe os autores sobre afetividade? Não esqueça deles. Mas não fique só com eles. Dê importância aos autores sobre avaliação do desempenho, da aprendizagem, do ensino por competências. Outros saberes podem apontar formas novas do fazer pedagógico.

Tomei ciência de que eu poderia me acolher, melhorar como profissional e isto também recomendo: perdoe-se. E a avaliação pode melhorar as coisas. Isso pode ser transformador de tempos difíceis, em tempos com sentido, ainda que a dificuldade esteja lá. Obrigada por ter me escutado. Em breve terei novos relatos sobre tempos difíceis cheios de sentido e felicidade no trabalho. Tenho esperança nisso e é isso que me mantém.

REFERÊNCIAS

ANTUNES, Celso. **Relações interpessoais e autoestima**: a sala de aula como um espaço de crescimento integral. 10. ed. Petrópolis: Vozes, 2014.

FERNANDES, Danilo. **Rubricas de Avaliação**. Folha de apoio à formação - Projeto de Monitorização, Acompanhamento e Investigação em Avaliação Pedagógica (MAIA). Ministério da Educação/Direção-Geral da Educação. 2021. Disponível em: https://afc.dge.mec.pt/sites/default/files/2021-04/Folha%205_Rubricas%20 de%20Avalia%C3%A7%C3%A3o.pdf. Acesso em: 30 out. 2023.

FOUCAULT, Michel. **Vigiar e punir**: nascimento da prisão. Trad. Raquel Ramalhete. 42. ed. Petrópolis, RJ: Vozes, 2014.

GONÇALVES FILHO, Antenor Antônio. **Educação e literatura**. 2. ed. Rio de Janeiro: DP&A, 2002.

LEITE, Lígia Silva. **Abordagens avaliativas**: alternativas para o avaliador. Rio de Janeiro: Wak Editora, 2023.

LUIZ, Mª Cecília. 2022. **Mentoria de diretores de escola:** orientações práticas. Maria Cecília Luiz (org.). São Carlos: Autores, 2022. Disponível em: https://www.gov.br/mec/pt-br/mentoria-de-diretores-escolares/pdf/AnexoVTextoSala9 Avaliaoeducacionaleagestoescolar.pdf. Acesso em: 4 out. 2023.

MACHADO, E. Práticas de avaliações formativas em contextos de aprendizagem e ensino à distância. **Projeto de monitorização, acompanhamento e investigação em avaliação pedagógica.** 2021. Disponível em: https://www.researchgate.net/publication/340940505_Praticas_de_avaliacao_formativa_em_contextos_de_aprendizagem_e_ensino_a_distancia. Acesso em: 19 out. 2023

PEREIRA, Marcelo Almeida de Camargo *et al.* **Autoavaliação:** observando e analisando a prática docente. Estud. Aval. Educ., São Paulo, v. 31, n. 76, p. 7-27, jan./abr. 2020. Disponível em: https://publicacoes.fcc.org.br/eae/article/download/7010/3972/35722. Acesso em: 23 dez. 2023.

PERIARD, Gustavo. **A hierarquia de necessidades de Maslow** – O que é e como funciona. Ministério dos Transportes, Governo Federal. 2023. Disponível em: https://www.gov.br/transportes/pt-br/assuntos/portal-da-estrategia/artigos-gestao-estrategica/a-hierarquia-de-necessidades-de-maslow. Acesso em: 22 dez. 2023.

SALTINI, Claudio J. P. **Afetividade Inteligência:** a emoção na educação. Editora Wak: 2009. 157p.

TORRES, Eli Narciso da Silva. N. da S.; IRELAND, Timothy Denis; ALMEIDA, Susana Inês de. Diagnóstico da política de educação em prisões no Brasil (2020): o desafio da universalização. **Revista Eletrônica de Educação**, [S. l.], v. 15, p. e4696024, 2021. DOI: 10.14244/198271994696. Disponível em: https://www.reveduc.ufscar.br/index.php/reveduc/article/view/4696. Acesso em: 18 dez. 2023.

TREZZI, Clóvis. O acesso universal à Educação no Brasil: uma questão de justiça social. **Ensaio:** Avaliação em Políticas Públicas em Educação, Rio de Janeiro, v. 30, n. 117, p. 942-957, out./dez. 2022.

VILARINHO, Lúcia Regina Goulart *et al.* **O Portfólio como Instrumento de Avaliação:** uma análise de artigos inseridos na base de dados e-AVAL. Meta: Avaliação. Rio de Janeiro, v. 9, n. 26, p. 321-336, maio/ago. 2017. Disponível em: https://pdfs.semanticscholar.org/3653/89c9d911e9ba189a4baa326919dac1737357.pdf. Acesso em: 19 dez. 2023.

O ato de avaliar possibilita oportunidades diversas, onde a teoria diz como fazer e a prática como quer.

(Joseni Caminha)

AVALIAÇÃO ESCOLAR: UM ESTUDO SOBRE A PRÁTICA AVALIATIVA NA ESCOLA – O QUE PERMANECE E O QUE MUDOU?

Maria Jerônimo Ribeiro do Nascimento

INTRODUÇÃO

"Avaliação escolar: um estudo sobre a prática avaliativa na escola" é o tema deste trabalho, que surgiu a partir de algumas preocupações no que se refere à prática da avaliação. A primeira delas é que a avaliação é um instrumento que tem contribuído para a reprodução da escola na sociedade de elite e consequentemente à exclusão de muitos alunos da classe popular. A segunda, tal situação vem instigando na tentativa de resolver o seguinte problema: compreender a prática do processo de avaliação educacional no meio escolar.

Estudando Bourdieu (1975), verificamos que ele diz que a escola é reprodutora do sistema vigente e exclui o aluno por meio da seleção, dos exames impostos pelo sistema de ensino como meio de inculcação da cultura dominante e do valor dessa cultura (Bourdieu; Passeron, 1975, p. 186). Esse fato tem instigado muitos autores a discutirem essa problematização e um deles é Luckesi (2003), que justifica o fracasso escolar como sendo resultado das práticas "inadequadas" da prática da avaliação ao longo das grandes tendências pedagógicas. Diz também que é necessário que se ultrapasse a avaliação autoritária para resgatar a função diagnóstica da avaliação, pois esta é um instrumento fundamental para ajudar o aluno em seu crescimento e para a sua autonomia.

Observa ainda que a avaliação é um meio, e não um fim na educação, e que a avaliação autoritária está a serviço de um modelo teórico de sociedade, constituindo-se num elemento importante e necessário para o professor e aluno.

A compreensão dessa prática consequentemente ajudará o professor a refletir as contradições entre prática quantitativa e a prática qualitativa.

Nesse sentido é inevitável que surjam alguns questionamentos com relação ao papel da avaliação escolar, tais como:

• Como usar a avaliação qualitativa em benefício do aluno?
• Como se libertar da prática avaliativa quantitativa?
• Qual a função da avaliação na construção do conhecimento?

Essas questões são relevantes, nos levam a questionar cada vez mais a avaliação quantitativa no sentido de buscar conhecimentos teórico e prático de uma avaliação consciente e reflexiva, em nível de sala de aula. Portanto, estudá-las e compreendê-las é fundamental.

Assim, podemos compreender que avaliação é um fenômeno que envolve múltiplos fatores, desde conceituais a metodológicos, e com o tempo vem passando por inúmeras definições. É uma atividade complexa, que faz parte do cotidiano escolar de professores e alunos.

Desse modo, avaliar é imprescindível para o processo educativo, principalmente para o professor "[...] refletir e analisar sobre [...] o quanto o seu trabalho está sendo eficiente [...]" (Luckesi, 2003, p. 83). Por muito tempo a avaliação foi vista como o ato de verificar a aprendizagem dos alunos nas escolas, entretanto ela surgiu como um sistema de controle social-intelectual e passou por diversos conceitos, como exames, provas, testes, até chegar na definição que temos hoje.

UM POUCO DE HISTÓRIA SOBRE A PRÁTICA AVALIATIVA

Segundo Luckesi (2003), a avaliação vem sendo praticada desde o momento de formação de camadas sobrepostas, atingindo o auge com a Revolução Francesa. Ao longo da história, ela era realizada com um único objetivo: o controle, ocorrendo mediante exame, teste ou avaliação (Rosa; Silva, 2022).

Como descrito por Luckesi (2003, p. 83):

> [...] o exame era realizado por meio de provas orais ou escritas, tanto no início do Século XVI, com a pedagogia dos jesuítas para a divulgação da fé e por meio da educação, como no fim do Século XVII, onde o bispo protestante John Amós Comenius, em 1657, publicou a *Didática magna* [3] e passou a defender o exame como um espaço de aprendizagem, sempre na intenção da prática da memorização, em que os alunos tinham que reproduzir os seus resultados.

O termo "avaliação" surgiu no ano de 1940, e ela passou a ser obrigatória a todos os programas sociais e educativos.

A burguesia, em busca de uma escola para seus filhos, prevê uma escola onde se cultue a liberdade, solidariedade e igualdade. Entretanto, ao atingir o poder, deixa de atuar de forma revolucionária e passa a transmitir conteúdos de forma que a escola seja mantenedora da nova ordem social, indo, nesse momento, de encontro às novas mudanças políticas que se classificam de reacionárias. Para garantia de sua estabilidade e permanência institui o sistema de avaliação escolar que trazia as aspirações do liberalismo.

No Brasil, a partir de 1920, na sociedade hegemônica, foi estabelecido o modelo liberal de avaliação, que gerou três pedagogias diferentes, porém com um objetivo em comum: a conservação do sistema burguês, para dar sustentação ao capitalismo da época. Desde então, a escola vem atravessando grandes tendências pedagógicas.

A primeira: Tendência Pedagógica Tradicional, dando ênfase ao intelecto, no professor e na transmissão dos conteúdos; a segunda: Tendência Pedagógica Renovadora ou Escolanovista, dando ênfase à espontaneidade da produção do conhecimento, dos sentimentos, e no educando, respeitando as suas diferenças individuais; a terceira: Tendência Pedagógica Tecnicista, dando ênfase aos meios mecânicos, tecnicistas de transmissão (era do radialismo, tv etc.).

Esses modelos permitiram algumas mudanças internas ao sistema, trazendo argumentações, mas não visando à solução do problema: o fracasso escolar.

Fundamentada nas Atividades de Educação do professor Paulo Freire (1979), inicia-se uma nova pedagogia: "libertadora", onde a emancipação das camadas subalternas, pela conscientização cultural e a política, pretende-se que seja fora dos muros da escola. Há contraste no que diz respeito a essas pedagogias: a hegemonia – dominação do educador – objeto – utilidades; a contra-hegemonia – humanização – "sujeito/ação".

Essas duas pedagogias exigem diferentes tipos de avaliação. A primeira, autoritária (conservadora), modelo liberal; a segunda, participação democrática de todos (mecanismo de diagnóstico), avaliação política.

Apesar do movimento libertador, que visa à conscientização política e crítica, na escola, ainda o que se vê é uma instituição que traz, no seu bojo, uma filosofia da pedagogia tradicional. O que Paulo Freire pretendia era uma escola onde o aluno fosse capaz de produzir e não, somente, reproduzir o que o professor considera importante. O que o autor propõe é o discente como sujeito de seu aprendizado. Ainda, segundo ele, temos que estar atentos ao aspecto da subjetividade no ato de avaliar.

Nesse aspecto, Sacristán & Gómez (1998) vem explicar que o educador, ao realizar uma prática de avaliação, se utiliza de três princípios básicos: 1.º) a sua própria subjetividade em relação ao seu próprio conceito de aluno, não avaliando as partes de atitudes estereotipadas, o que leva ao desrespeito às peculiaridades do aluno, criando perspectivas, a priori, em vivências que não pertencem ao grupo de trabalho; 2.º) o aspecto psíquico, o educador não deve avaliar seu aluno de acordo com seu estado de humor, estando assim contribuindo para uma prática autoritária, valendo-se do seu poder enquanto sua posição hierárquica; 3.º) as relações de afetividade, o educador não deverá avaliar apenas por sua subjetividade. Dessa forma, a finalidade com o trabalho e o aluno não pode estar influenciando os critérios da prática da avaliação.

Nesse sentido, a prática da avaliação, segundo Sacristán & Gómez (1998), exige um trabalho de distanciamento, facilitando o avaliador a emitir um juízo de valor, portanto qualificando o desenvolvimento cognitivo para o aluno no processo ensino-aprendizagem. Essa é uma prática que busca incluir o aluno na escola e no sistema educacional, diferentemente da avaliação autoritária, que quantifica, mede, seleciona, induz à competitividade e exclui o aluno da escola e, consequentemente, do mercado de trabalho.

Para Paulo Freire (1977), a nossa escola continua a conservar seu mecanismo de autoridade e, como consequência, a avaliação é autoritária, colocando o poder nas mãos do professor. O aluno é rotulado, julgado e classificado pela nota. A avaliação deve estar inserida o mais possível dentro das diversas realidades, ou seja, nas tendências pedagógicas que ofereçam liberdade para o aluno.

Segundo Luckesi (2003) a avaliação ocupa um espaço de apreciação qualitativa sobre os dados relevantes para o processo de ensino-aprendizagem, com o fundamento primordial e basilar de auxiliar o professor na tomada de decisão sobre o seu trabalho. Esses dados relevantes referem-se às situações do cotidiano escolar, no qual estão inseridos alunos e professores. O professor analisa esses dados qualitativamente pela análise das provas e todas as atividades realizadas pelos alunos. Essa análise dos fatos, acontecimentos do cotidiano escolar permite ao professor uma tomada de decisão e se autoavalia e terá condições de tomar decisões em relação ao que será feito posteriormente às análises.

Então, é um componente do processo ensino-aprendizagem que determina uma relação entre os resultados obtidos e os objetivos alcançados, levando o professor à tomada de decisão em relação às atividades pedagógicas posteriores.

O professor estará, constantemente, durante a sua prática, coletando dados sobre a aprendizagem dos alunos: observando-os, aplicando provas, tarefas, pesquisas e todo o cotidiano escolar do aluno.

Após toda essa coletânea de dados relevantes, será feita uma análise sobre os mesmos para que, posteriormente, o professor tenha condições de lhes atribuir uma nota ou conceito.

Segundo Libâneo (1994) a avaliação escolar tem, pelo menos, três funções: pedagógico-didática, de diagnóstico e de controle. A função pedagógico-didática se refere ao papel da avaliação no cumprimento dos objetivos gerais e específicos da educação escolar. Nessa função, a avaliação comprova os resultados do ensino, prepara os alunos para a sociedade e leva-os a assumir o estudo como um dever social; pela correção dos erros aprimora as capacidades cognitivas dos alunos.

Na função diagnóstica serão identificados os progressos e dificuldades dos alunos e a atuação do professor, para uma autoavaliação que proporcionará mudanças no processo ensino-aprendizagem, após a análise dos dados relevantes, e a tomada de decisão para levar a uma mudança da prática escolar cotidiana. Essa função diagnóstica é de extrema importância, pois ela ocorre no início, durante e no final do processo ensino-aprendizagem. No início, a avaliação é feita para diagnosticar, verificar as condições dos alunos para uma nova aprendizagem; durante o processo, ela é feita para verificar se houve assimilação do conteúdo para correção e superação de dificuldades, apreciação de resultados, progressos etc. No final do processo, a avaliação serve para verificação entre os resultados obtidos e os objetivos propostos, se foram atingidos ou não.

A avaliação não pode ser tomada como o ato de aplicar provas, atribuir uma classificação aos alunos, ela é usada para diagnosticar e ajuizar a qualidade do conteúdo em construção.

Libâneo (1998) argumenta em seu texto que a avaliação baseia-se em considerar a relação mútua entre os aspectos quantitativos e qualitativos, que possibilitam ao professor ser um mediador entre erros e acertos do aluno.

Neste caso, a avaliação diagnóstica é, para o autor, aquela que é realizada no início do ano letivo ou unidade de ensino, com o objetivo de verificar se os alunos apresentam ou não o domínio dos pré-requisitos necessários (habilidades e competências), isto é, se possuem capacidades imprescindíveis para novos aprendizados (Haydat, 1994 *apud* Libâneo, 1998).

A prática diagnóstica é aquela que se faz a partir da observação, reflexão, intervenção e registro das atividades em sala de aula, levando-se em consideração o caminho percorrido pelo aluno para chegar à aprendizagem, pois este é um processo, e a avaliação a ser feita é a de todo o processo no qual sejam identificadas as reais necessidades dos alunos, que não será feita somente pelos instrumentos avaliativos de testes e provas, ou seja, não somente uma avaliação quantitativa, mas também, e principalmente, qualitativa.

Segundo Paulo Freire (1986), "[...] quando o homem compreende sua realidade pode levantar hipóteses sobre o desafio dessa realidade e procurar soluções. Assim, poderá transformá-la e com seu trabalho criar um mundo próprio: seu eu e suas circunstâncias".

Portanto, é necessário que os professores compreendam suas práticas avaliativas, verificando como estão sendo desenvolvidas, e assim atuem conscientemente junto aos alunos.

Somente por esse entendimento de sua prática é que o professor poderá criar a sua prática alternativa ou adaptar, à já existente, práticas flexíveis ao seu cotidiano, de maneira crítica e dialógica, não optando por uma prática que se torne eixo condutor do seu trabalho; mas modificando-a, quando necessário, para uma melhor adaptação da sua realidade (Luckesi, 1998).

Por meio das provas e das notas, o professor mostra o seu poder para manter a disciplina, forçar bons resultados e/ou legitimar as reprovações. O medo de ser reprovado leva o aluno a estudar, não porque goste desta ou daquela disciplina, mas porque seus pais lhe cobram uma aprovação.

Os pais só esperam os resultados, não se preocupando como está sendo feita a avaliação dos filhos, desde que sejam aprovados. Quando reprovados, muitos pais querem a constatação somente no final do período e, sem terem acompanhado o processo ensino-aprendizagem, em poucos segundos querem explicações sobre algo que ocorreu o período inteiro, e não apenas no final.

Com tudo isso, percebemos que quando o professor compreender melhor a sua prática, refletirá sobre ela e a mudará. Acreditamos que, com uma consciência crítica sobre a prática da avaliação, o professor se libertará de muitas correntes que o impedem de caminhar, de se aprimorar e melhorar o seu desempenho no processo ensino-aprendizagem.

REVENDO AS TENDÊNCIAS PEDAGÓGICAS NA PRÁTICA AVALIATIVA NA ESCOLA

Estudar as tendências pedagógicas na prática da avaliação permite aos professores se orientarem teoricamente em relação às suas práticas, articulando-as e autodefinindo-se.

As tendências estão assim divididas mais para estudo, pois, na prática, não é possível separá-las:

Tendência pedagógica liberal: tradicional, renovada progressista, renovada não progressista e tecnicista.

Tendência pedagógica progressista: libertadora, libertária e crítico--social dos conteúdos.

Analisaremos, um pouco, a avaliação nas tendências para uma melhor compreensão das mesmas.

Tendência pedagógica liberal tradicional - Os conteúdos são passados como verdades para o aluno. São separados da realidade. A aprendizagem depende do treino e da cópia. A avaliação se dá por meio de verificações, provas e testes que medem o quanto o aluno aprendeu. O bom aluno é aquele que assimila o conteúdo sem questioná-lo e mostra, na prova, o que aprendeu. Há uma preocupação com a elaboração dos instrumentos que possam medir o quanto o aluno aprendeu. O professor é autoritário e exige do aluno uma atitude receptiva sem qualquer comunicação durante a aula.

Renovada progressista - A aprendizagem, nesta tendência, se torna uma atividade de descoberta, é uma autoaprendizagem, sendo o ambiente o meio estimulador. Acentua-se a importância do trabalho em grupo. O professor deve colocar o aluno em situações de desafio, dando-lhe um problema para resolver; o problema deve levar o aluno a refletir; pesquisando, o aluno descobrirá soluções e as colocará à prova a fim de verificar sua utilidade na vida. O professor não é uma figura privilegiada; seu papel é o de auxiliar o aluno.

Renovada não diretiva - O papel da escola é o de formação de atitudes; o esforço é concentrado em se conseguir uma mudança de atitude do aluno, atendendo às solicitações do meio social. O professor se esforça para facilitar a aprendizagem do aluno, ajudando-o a se organizar e aprender melhor o que lhe é ensinado. O aluno é o centro da educação e o professor deve ajudá-lo sem intervir ou inibir a aprendizagem. É privilegiada a autoavaliação, a avaliação escolar perde o sentido.

Tecnicista - Segundo esta tendência o bom ensino depende da organização eficientemente das condições estimuladoras, de modo que haja mudança na aprendizagem do aluno, isto é, que haja um controle do comportamento individual ante os objetivos preestabelecidos. A comunicação entre professor-aluno tem um sentido exclusivamente técnico, que é o de garantir a eficácia da transmissão do conhecimento, não há importância nas relações afetivas. As relações são bem estruturadas e objetivas, com papéis bem definidos: o professor administra as condições de transmissão da matéria e o aluno recebe, aprende, fixa as informações recebidas. Ambos, professor e aluno, são espectadores ante a verdade objetiva.

Tendência pedagógica progressista libertadora - Os conteúdos de ensino são denominados temas geradores, extraídos de problematização da vida dos alunos. Há um questionamento concreto da realidade das relações do homem com a natureza e com os outros homens, objetivando uma transformação. O que importa é despertar uma nova forma de relação dos conteúdos com a experiência vivida; ou seja, os conhecimentos têm que emergir do saber popular.

Segundo Paulo Freire, mentor desta pedagogia libertadora, o que impede que ela seja posta em prática é seu caráter essencialmente político. O professor é animador que deve caminhar "junto", intervindo o mínimo, ajudando quando se fizer necessário. A problematização da situação leva os alunos a compreenderem a realidade e a chegar a um nível mais crítico do conhecimento e da sua realidade, sempre pela troca de experiência em torno da prática social. O que é aprendido não decorre de uma imposição ou memorização, mas do nível crítico do conhecimento pelo qual se chega a uma reflexão crítica da realidade.

Libertária - A ideia básica é introduzir modificações institucionais, mecanismos institucionais de mudanças, criar grupo de pessoas com princípios educativos autogestionários (associações, grupos informais, escolas autogestionárias). As matérias são colocadas à disposição do aluno, mas não são exigidas, o que importa é descobrir respostas às necessidades e às exigências sociais.

O aluno tem liberdade de trabalhar ou não, ficando o interesse pedagógico na dependência de suas necessidades ou das do grupo. É recusada qualquer forma de poder ou autoridade. A ênfase se dá na aprendizagem informal. A motivação está, portanto, no interesse em crescimento do grupo. Este se forma de modo que todos possam participar das discussões. Embora professor e aluno sejam diferentes, nada impede que o professor se coloque a serviço do aluno, sem impor suas ideias ou concepções. Professor e aluno são livres perante si e o outro. A pedagogia libertária recusa qualquer tipo de autoridade.

Crítico-social dos conteúdos - A difusão dos conteúdos é tarefa primordial. Conteúdos concretos, associados à realidade do aluno. A escola é vista como parte integrante da sociedade e para haver qualquer mudança é preciso agir dentro dela também, objetivando uma transformação da sociedade. Assim, para garantir uma escola que sirva aos interesses populares, é preciso garantir a todos um bom ensino, ou seja, a apropriação dos conteúdos escolares básicos que sirvam à vida dos alunos. A escola deve preparar o aluno, através dos conteúdos e da socialização, para uma participação efetiva e consciente na sociedade. Não basta que os conteúdos sejam bem ensinados, é preciso que se conectem e sejam interligados de forma indissociável à sua significação humana e social.

O trabalho docente relaciona a prática vivida pelos alunos com os conteúdos propostos, momento em que se dá uma "ruptura" em relação à experiência do aluno pouco elaborada. O professor é o mediador, buscando despertar as necessidades dos alunos, propondo conteúdos compatíveis às experiências vividas. Encontramos esta prática nas escolas públicas que procuram articular os conteúdos com a adoção de métodos que garantam a participação do aluno, avançando na democratização efetiva do ensino para as camadas populares.

Aprender, dentro da visão da pedagogia dos conteúdos, é desenvolver a capacidade de processar informações e lidar com os estímulos do ambiente, organizando os dados disponíveis da experiência. O professor e o aluno procuram se entender e o professor se aproxima mais do aluno para que a comunicação entre ambos seja clara, eficaz e unificadora.

Com tudo isso que vimos, concluímos que, dentro dessas tendências, o relevante é que o professor as analisa em sua prática e, antes de adotar qualquer uma, coloque o aluno como prioridade, sendo um professor que tem consciência do saber, da sua função social, mas não usa de autoritarismo para se fazer respeitar; alguém que olha para o aluno e vê nele alguém capaz de produzir, fornecendo meios eficazes para que esse aluno alcance sua autonomia, que haja respeito mútuo, esforço coletivo para que os objetivos sejam alcançados. Não pode haver ensino só centrado no professor ou só no aluno, pois assim não haverá relação pedagógica.

O professor deve ser a figura que orienta, intervém, quando preciso for, levando os alunos a buscarem a realização de seus desejos e necessidades, alcançando autonomia e liberdade, suprindo necessidades, aprendendo a criar alternativas, distinguindo a verdade do erro, compreendendo as realidades sociais, e exercer o seu papel de cidadão dentro da sociedade. É esse mediador que o professor deve ser.

CRITÉRIOS QUE DEVEM NORTEAR A AVALIAÇÃO

A avaliação deve ser norteada por critérios estabelecidos para que haja uma articulação entre a sua prática e a realidade:

UTILIDADE - A avaliação deve ser útil para aqueles a quem ela se destina, pois, do contrário, é melhor que ela não seja iniciada. O sentido de utilidade da avaliação é fundamental, devendo ser clara. A utilidade é um critério político e social, envolvendo a todos que dela participam.

VIABILIDADE - A avaliação deve ser viável, dando resultados a curto prazo, exigindo respostas mais urgentes, rápidas. A viabilidade é um critério econômico-administrativo, já que envolve custos, pessoas, grupos, programa etc.

EXATIDÃO - A avaliação deve ser precisa, exata, correta, ser bem--feita; feita da melhor maneira possível. Sendo utilizados instrumentos adequados, afinados, sintonizados. É preciso testar os instrumentos, verificar se as pessoas envolvidas no processo estão entendendo. A exatidão é um critério técnico.

JUSTA - A avaliação deve ter o seu caráter de justiça, não deve cometer injustiças. Ela deve dar respostas que satisfaçam, ou seja, justificáveis. Tudo deve ser transparente, visível a todos. A justiça é um critério ético.

Portanto, nunca devemos deixar de considerar esses critérios que são de caráter político-econômico, técnico e ético, o que deve nortear todo o processo avaliativo no processo educativo.

CONCEITO DE AVALIAÇÃO

Luckesi (1984) nos faz entender que avaliar é verificar os conhecimentos do aluno como um todo. É válido para o aluno e também para o professor se autoavaliar, para reconstruírem a dinâmica do processo de ensino.

O processo de autoavaliação fornece informações sobre o desempenho do aluno e do professor na eficiência da instrução. No caso de a aprendizagem ser considerada insatisfatória, não se deve atribuir o insucesso ao aluno. Não é ele o inadequado, e sim a instrução que lhe foi proporcionada, pois devemos levar em conta a vida socioeconômica do aluno e as normas do sistema educacional.

Avaliar é observar, é ser ponderado sobre todos os trabalhos realizados pelo aluno. Avaliar é o processo de julgamento, ajuizamento, apreciação ou valorização do que o educando revelou ter aprendido durante um período de estudo ou de desenvolvimento do processo ensino-aprendizagem. Pode-se dizer que não pode haver avaliação sem que antes tenha havido verificação. Verifica-se antes de avaliar. Uma prova, seja de que modalidade for, tem por objetivo fornecer dados sobre os quais se possa emitir juízo de valor.

Vivemos num sistema de avaliação em que a escola valoriza a nota do aluno. Isso nos faz perceber que o problema da avaliação é muito sério, e está além do âmbito da sala de aula. A prática de avaliação quantitativa tem polarizado a educação, ela é um dos pontos importantes de discussão no bojo do processo pedagógico, ela é subsidiária para que o aluno aprenda, renda mais e cresça mais. O professor na sala de aula deve se perguntar: "O que eu quero ensinar? Como eu quero ensinar?" Tem que haver um projeto pedagógico coerente com o social que se tem. Na prática escolar em geral, a avaliação está polarizada em aprovar ou reprovar. A avaliação é um subsídio, e não a coisa mais importante, pois, para avaliar, é preciso traçar objetivos. Nesse sentido passamos a uma avaliação transformadora com a função diagnóstica.

A avaliação é parte integrante do processo ensino-aprendizagem e tem funções bem definidas: avaliar o aluno em função da elaboração do conhecimento, avaliar a participação do professor na elaboração do conhecimento do aluno, e ainda avaliar a ação educativa e o trabalho realizado pela escola. Consideramos aí todos os envolvidos no processo, inclusive a família. É a avaliação diagnóstica que vai nos indicar se estamos na direção certa, se continuamos ou mudamos o nosso percurso.

Enquanto educadores podemos optar pela transformação por meio de um novo homem crítico, participativo, consciente; cidadão capaz de ajudar na participação da construção de um processo mais justo de sociedade. Assim, estaremos a favor de uma pedagogia de ruptura, não de continuidade, sem considerar o que há de bom e importante na educação que temos.

A avaliação tem a função diagnóstica, no sentido de acompanhar os avanços e dificuldades dos alunos no processo de aprendizagem, e, para tal, deverão ser utilizados diferentes procedimentos, tais como: observação, tarefas de avaliação em grupo, entrevistas, conversas com alunos para análise da situação docente e discente, autoavaliação, observação e análise dos resultados apresentados pelos alunos durante as atividades desenvolvidas cotidianamente, ou seja, tarefas individuais.

Cada aluno cria seu próprio caminho para construir o seu conhecimento; o professor, ao planejar as atividades que irá oferecer aos alunos, estabelece um padrão mínimo de expectativas de aprendizagem. Então, o professor e o aluno tornam-se o centro do ato educativo, tornando-se um processo dinâmico.

Os professores vivem numa eterna busca no sentido de encontrarem meios eficazes de avaliação. Os professores comprometidos com a sua prática interrogam-se diariamente, esperando respostas que aliviem suas aflições. A todo momento de nossas vidas estamos avaliando, já que somos obrigados a tomar decisões a partir de julgamentos provisórios; opiniões assumidas como corretas e que ajudam nas tomadas de decisões. Quando assumimos que o ato de avaliar se faz presente em todos os momentos da vida humana, admitimos que ela também está presente em todos os momentos vividos na sala de aula. Alunos e professores avaliam tudo e a todos permanentemente.

O professor emite juízos, quase sempre provisórios, que vão de opiniões elásticas sobre a turma, até julgamentos sobre cada aluno em particular. Os alunos também avaliam seus colegas e principalmente o professor. Nas relações cotidianas de sala de aula apresentam-se muitas práticas e saberes aprendidos em outros ambientes e muitas vezes exclui-se de sua prática elementos que pertencem ao domínio escolar. Nesse sentido, pode ocorrer que um professor diferencie dois alunos que passaram por situações semelhantes apresentando o mesmo resultado. O professor precisa estar atento para não privilegiar apenas um elemento do grupo em suas opiniões; pois é neste espaço limitado da sala de aula que ocorrem avaliações diferenciadas a todo instante.

DIFERENÇA ENTRE AVALIAÇÃO E MEDIDA

Quando tratamos de procedimentos da avaliação, em princípio, entramos no princípio da medida educacional. Os limites entre avaliação e medidas educacionais não são muito nítidos e precisos. De um modo geral, podemos dizer que a avaliação é um processo mais amplo e abrangente do que a mensuração. Vejamos:

→ **AVALIAR:** descrição quantitativa do desempenho do aluno (medida) + julgamento de valor.

→ **AVALIAR:** descrição qualitativa do desempenho do aluno (não medida) + julgamento de valor.

Das proposições apresentadas, entendemos que tanto podemos avaliar descrevendo quantitativamente atributos (usando medida), como podemos avaliar descrevendo qualitativamente atributos, a rigor, que deixe determinar a extensão, as dimensões, as quantidades, o grau ou a capacidade de uma coisa ou objeto. É uma atribuição de valores, segundo determinadas regras anteriormente estabelecidas. Em qualquer caso, o resultado de uma medida é sempre expresso em número e não por descrição, havendo para isso um sistema de unidades convencionais, de uso mais ou menos universal, que facilita a interpretação dos resultados.

Dizer, por exemplo, que uma sala é quadrada, ou que uma bola é redonda, ou mesmo grande, não satisfaz o aspecto quantitativo de definição que queremos expressar. Mas, quando usamos unidades de medida, tais como o metro, o quilo, metro cúbico etc., estamos expressando com muito mais exatidão e simplicidade a ideia que queremos transmitir. Na verdade, é quase impossível ao professor, considerando os nossos sistemas atuais de ensino, avaliar sem fazer o uso da mensuração.

EXEMPLOS DE INSTRUMENTOS DE MEDIDA

a. Provas - Outro meio de avaliar o aluno é aplicando uma prova, pois esta verificará o rendimento semanal, bimestral ou anual do aluno, sendo o meio mais usado pelo professor para verificar se o aluno aprendeu o que lhe foi ensinado.

b. Testes - Dentre os instrumentos de medida utilizados no processo de avaliação, os testes, constituídos pelo professor, merecem especial atenção.

Por terem a finalidade de verificar o rendimento escolar, devem prestar informações precisas, de modo a orientar o trabalho docente adequadamente. Estes testes devem corresponder realmente a uma amostra daquilo que se pretende avaliar.

TIPOS DE PROVAS

A avaliação da aprendizagem pode ser levada a efeito por meio de vários tipos de provas.

a. Orais - As provas orais transcorrem à base de diálogo entre professor e aluno. É costume de alguns professores, neste tipo de exame, pedir ao aluno que fale tudo o que sabe sobre o assunto proposto. A avaliação oral, no entanto, realiza-se mais apropriadamente pelo interrogatório, sendo este (quando utilizado convenientemente) excelente instrumento de avaliação. O interrogatório deve ser empregado constantemente no transcurso da aula, após determinado número delas e no final de uma unidade didática.

b. Escritas - As provas escritas são usadas em nossas escolas em avaliações mensais, bimestrais e exames finais. Podem ser usadas, contudo, em qualquer aula, como testes que podem ser aplicados no final de uma aula ou no início da seguinte, para que o professor se certifique sobre o que o aluno aprendeu e saiba, então, que rumo dar aos trabalhos da nova aula: repetir, retificar ou prosseguir. As mais importantes provas, porém, são as mensais e as bimestrais, mesmo porque a estas o professor deve atribuir notas das quais vai depender a conservação do aluno. As provas podem constar de questões dissertativas ou de questões objetivas.

c. Dissertativas - A dissertação é condenada quando toda a prova de verificação consta somente dela; assim mesmo, de temas imprecisos, dúbios ou astronômicos. A dissertação ficou desacreditada devido à praxe corrente de ter o aluno de "repetir tudo o que o professor disse". Quando é empregada nestes moldes, recebe o nome de prova tradicional. É fácil perceber as desvantagens de tal forma de verificação, que vai depender muito da sorte do aluno: só dissertará se for sorteado um assunto de seu conhecimento; caso contrário, não terá bom desempenho na dissertação. O tema da dissertação, de preferência, deve ser um assunto tratado em sala de aula; deve ser preciso e não ser longo demais. Não há dúvida de que a prova de dissertação é mais econômica e quase não exige esforço por parte do professor, a não ser na correção. É vantajosa quando procura avaliar qualidades de redação, conhecimentos gramaticais de sintaxe, fluência de ideias e coerência das mesmas. É claro que não se presta para uma verificação em extensão, prestando-se mais para uma verificação em profundidade.

d. Objetiva - Nas provas escritas devem constar, além da dissertação, um conjunto de questões objetivas que cubra toda a matéria da prova.

Assim, a dissertação realiza uma verificação em profundidade, e as questões objetivas em extensão.

É preciso não confundir "questões objetivas" com perguntas e respostas curtas. Estas não deixam de ser, em última análise, formas de dissertação reduzida. Em todo caso, um grupo de "perguntas curtas" pode verificar melhor o conhecimento do aluno sobre determinado assunto do que uma dissertação sobre o mesmo. As vantagens das "questões objetivas", para verificação da aprendizagem, são indiscutíveis, uma vez que permitem uma sondagem mais ampla e precisa sobre a matéria sujeita à verificação. A verificação por meio de questões objetivas convence os alunos quanto às dissertações, onde sempre pode haver um subentendido ou uma intenção debaixo de uma expressão inexpressiva. Não há dúvida que a confecção das questões objetivas demanda tempo e cuidado.

Recomenda-se ao professor que, à medida que for desenvolvendo o seu programa, vá anotando os elementos mais significativos que melhor se prestam a uma verificação dessa natureza, de maneira a não ficar um trabalho volumoso e cansativo para ser elaborado em pouco tempo.

O QUE A ESCOLA PRATICA?

A escola pratica a avaliação ou a verificação?

A avaliação não pode ser o que polariza a educação, mas ela é um dos pontos importantes no bojo do processo pedagógico. A prática da avaliação não existe por si só, mas em conjunto com outros instrumentos que norteiam a educação. A avaliação é subsidiária para que o aluno aprenda, renda mais, cresça mais. O professor deve se perguntar: "O que eu quero ensinar? Como eu quero ensinar?" E, para que haja questionamentos e busca de melhora e eficiência, é necessário que se tenha um projeto pedagógico coerente com o social que se tem.

Na prática escolar, em geral, a avaliação está polarizada em aprovar ou reprovar. A avaliação é um subsídio, e não a coisa mais importante. Para avaliar é preciso ter objetivos.

O desenvolvimento científico da realidade traz consequências para a prática e, para fazê-la com adequação, o professor precisa, em sala de aula, de medida, transformação da medida, uso da nota ou conceito, utilização dos resultados. Depois, transforma-se essa medida em nota, mais ou menos simples, que ocorre por tabela de equivalência. Necessitamos fazer uma média e ela só pode ser feita por meio de quantidade, e não por qualidade. A média é um engano do professor, do aluno e da sociedade. Mas a praticamos porque não trabalhamos efetivamente com Avaliação.

A utilização dos resultados é registrada definitivamente no papel. O professor anota os resultados para efeito de classificação, reprovação ou aprovação, mas não para melhorar a aprendizagem do aluno. Isso é tão forte que, se o aluno for mal numa prova e for ótimo em outra, as notas são somadas e divididas, ficando, por exemplo, com nota final 6. É como se o aluno tivesse sido castigado. Isso que praticamos na escola é verificação ou avaliação?

Verificação - tornar verdadeiro (latim), constatação se alguma coisa é ou não é. Tornar verdadeira uma hipótese. É um ato estático.

Avaliação (latim) - implica um ato dinâmico. É um ato de medir as qualidades e sobre essas qualidades realizar uma tomada de decisão. Na escola não é praticada a avaliação, mas sim a verificação. Constata-se quanto o aluno tirou ou acertou na prova, transforma-se isso em nota e esta é usada classificá-lo.

A prática da verificação não permite tirar consequências significativas para melhorar o ensino-aprendizagem, porque é um ato estático. Não basta constatar, mas tirar proveito disso para melhorar o ensino-aprendizagem. Para isso, é preciso que se ultrapasse a barreira da verificação para se chegar a uma avaliação, pois somente dessa maneira é que podemos tirar consequências para melhorar o ensino-aprendizagem.

As consequências negativas da verificação são vistas da seguinte forma: 1.ª) Negativa, do ponto de vista do aluno - O aluno teme a prova. É taxativo: aprova ou reprova. Causa pânico aos alunos. 2.ª) Positiva, do ponto de vista da manutenção do sistema. O medo faz com que se mantenha o sistema classificatório. No entanto, a avaliação não produz medo, ela leva a:

a) Retificação da dinamicidade da aprendizagem - Ou seja, o professor não admite que o sujeito mude após sua classificação. Retifica um ato que deveria ser dinâmico. Um aluno, hoje, pode não ser bom, mas, amanhã, ele poderá se tornar melhor. O que deve ser feito para minimizar os efeitos da nota é deixar de praticar a classificação antecipada do aluno. Deixar de praticar a verificação para se praticar a avaliação. Diagnosticar o conhecimento do aluno. O que ele não aprendeu? Então, vamos ensinar de novo! Assumir a aflição do aproveitamento escolar deve ser feito como avaliação, uma tomada de decisão para melhorar. Definir o que é o mínimo necessário, em qualquer aprendizagem, para o aluno.

Ex.: O que o aluno deverá saber em adição, subtração, multiplicação e divisão? Se não chegar ao mínimo, deve-se trabalhar para que ele alcance esse mínimo. Pois, se a média é feita com a nota mínima e a máxima, a média é mentirosa.

Os alunos que sabem devem ajudar àqueles que não sabem, para que sejam trabalhadas, também, a socialização e a solidariedade.

b) Curva normal da distribuição da aprendizagem - Os sujeitos deveriam sair equalizados culturalmente. O sistema educacional não está interessado que o educando se desenvolva integralmente, pois ele não tem interesse na educação. De cada mil estudantes que ingressam na 1.ª série, só sete estudantes ingressam na faculdade e desses sete, só dois concluem a mesma.

É fundamental que o professor pratique a avaliação. É preciso que esteja interessado em que o aluno aprenda e se desenvolva. Se há um projeto pedagógico, este se transforma num projeto de ensino similar à cultura elaborada e, se há crença e comprometimento nisso, ocorrerá uma transformação na educação. E a avaliação só serve para verificar se o aluno está conseguindo aprender e, se não está, vamos trabalhar mais para fazê-lo aprender.

AVALIAÇÃO HOJE

O desafio da avaliação continua, apesar de verificarmos um aumento no número de artigos e discussões sobre o papel da avaliação e a sua eficácia em "verificar", "medir" e "inferir" o grau de aprendizado do discente. A grande maioria das escolas continuam com a avaliação tradicional, apesar de toda uma bibliografia que continua atual, que sempre foi pensada de uma forma crítica, mas não foi suficiente para uma mudança efetiva na avaliação.

Além disso, hoje temos um grande problema na avaliação: uma grande quantidade de provas extremas com o objetivo de avaliar o ensino: SAEB (Avaliação Nacional da Educação Básica, ANEB (Avaliação Nacional do Rendimento Escolar), ANRESC (conhecida como Prova Brasil) e ANA (Avaliação Nacional da Alfabetização). Todas com o objetivo de avaliar como está o ensino, como estão os alunos dentro deste sistema brasileiro de ensino tão complexo.

Além das avaliações citadas, ainda temos: Enade, Saepe, Simas, Paebes, Enem, entre outras. Todas com o objetivo de verificar se o direito à aprendizagem está sendo cumprido em rede nacional. Elas foram criadas para possibilitar às secretarias de educação e escolas traçarem um diagnóstico e desenvolverem estratégias a fim de resolverem os problemas diagnosticados por essas avaliações, ou seja, melhorar a educação de suas redes.

> As avaliações externas são um dos principais mecanismos para elaboração de políticas públicas no sistema de ensino, redirecionado metas para as unidades escolares pelo bom desempenho das escolas; no contexto mundial, essas avaliações têm o objetivo de igualar a permanência do aluno na escola com a qualidade do processo ensino-aprendizagem (Santos *et al.*, 2013).

Essas avaliações verificam se as habilidades e competências foram ensinadas em certos momentos da escolarização e se constituem em mais uma ferramenta para avaliar as práticas pedagógicas na escola e o aprendizado dos alunos. O grande problema que permanece é que essas avaliações não alcançam o cerne do problema avaliativo escolar, por duas razões: em primeiro lugar, não avaliam realmente como estão os alunos nem como está ocorrendo a prática pedagógica; e, em segundo lugar, são elaboradas por pessoas externas à escola, que não conhecem a realidade da sala de aula nem do espaço social em que a instituição está inserida. Nem escola, nem professores, nem alunos podem ser avaliados por um padrão geral e unificado, já que as características e realidades de cada região são diferentes.

Ainda persiste outro problema:

> As políticas neoliberais têm difundido um novo tipo de gerenciamento nas instituições educacionais e se tornam alvo de avaliações metódicas em larga escala, com atenção especial a dados quantitativos. Dentro dessa ótica, as instituições educacionais devem ser passíveis de auditoria e a avaliação que promovem a disputa entre escolas, entendidas como empresas que competem entre si (Senkeevics, 2012).

De acordo com a BNCC,

> A avaliação tem um papel central na educação dos alunos e não pode ser feita somente no final do ano letivo. É necessário que os professores realizem observações e registros ao longo do ano para que, depois, tudo seja reunido em um portifólio ou documento síntese (Brasil, 2017).

Dentro desse contexto, a escola passa a ser vista como uma fábrica de máquinas que serve para atender à demanda do mercado de trabalho, e o papel social da escola é totalmente desconsiderado, não visa à formação crítica e cidadã dos alunos, diminuindo drasticamente a qualidade intelectual da educação, negando saberes essenciais aos alunos, visa somente à formação de mão de obra barata, aumentando cada vez mais as chances de ascensão da elite.

O objetivo da avaliação na BNCC é que, a partir de suas propostas, possam ser melhorados o processo de ensino, a coleta de dados na aplicação das provas e os instrumentos usados para tal ação, assim se identificam as dificuldades de aprendizagem para uma correção mais rápida. A BNCC ainda é um documento novo, os professores ainda não estão familiarizados com ele e precisam sanar suas dúvidas em relação à avaliação neste documento, portanto cabe à equipe pedagógica auxiliar o corpo docente nesse sentido.

A formação de professores, no Brasil, atualmente, necessita de revisão em sua grade curricular, muito defasada e carente de um olhar crítico, a fim de sanar deficiências e melhorar a formação de profissionais tão importantes na sociedade brasileira.

Dessa forma, faz-se necessário rever o papel dessas avaliações, para que venham a ser uma busca de melhorias na educação e promovam cidadãos críticos, com uma formação social que os leve a desenvolver habilidades que os ajudem a enfrentar desafios para transformar suas realidades, e não sejam apenas "mercadorias" para o mercado de trabalho.

CONSIDERAÇÕES FINAIS

Para a grande maioria dos estudantes, a prova, o exame, a avaliação têm uma conotação negativa. Isso se deve às inúmeras experiências negativas que cada um teve em relação à avaliação. Num dia de prova vê-se a ansiedade estampada nos rostos, a afobação de cada um. Há aqueles que ficam calmos porque estão seguros, não têm dúvidas; mas há aqueles que não estudaram, ou não aprenderam, ou o conteúdo não foi fixado bem, portanto não aprendido, enfim, há uma série de questões que levam o aluno a ter pânico na hora da prova.

Há professores que nem percebem o drama do aluno e muitos veem a prova como uma forma de castigá-lo. A prova gera um clima de insegurança, de ansiedade, de medo e de competitividade. Será que a avaliação deve ser assim?

Para que a avaliação adquira a importância que realmente tem no processo de ensino-aprendizagem, é necessário seguir alguns princípios básicos.

Um dos erros didáticos mais frequentes é o da não integração dos critérios e processos de avaliação na dinâmica geral do ensino. O professor não faz, convenientemente, o controle do rendimento dos alunos e, ao final (na hora da prova), oferece questões memorísticas, em desacordo com as situações de aprendizagem que lhes são oferecidas e que visam desenvolver pensamento reflexivo e imaginação criadora. Para evitar que essas situações permaneçam, é necessário: a) estabelecer com clareza o que vai ser avaliado. Se não sei o que vou avaliar, não poderei avaliar de maneira eficiente. Por isso, tenho que estabelecer se vou avaliar o aproveitamento, a inteligência, o desenvolvimento socioeconômico etc. b) Estabelecer técnicas adequadas para avaliar o que se pretende. Nem todas as técnicas servem ao mesmo fim. c) Utilizar as técnicas que sirvam para avaliar aspectos quantitativos e técnicas que sirvam para avaliar aspectos qualitativos. d) Ter consciência das possibilidades e limitações das técnicas de avaliação.

Encontramos margens de erros em quase todas as técnicas, no entanto a principal frente de erros é a interpretação inadequada dos resultados. Em geral, atribuímos uma precisão às técnicas que elas não possuem. É necessário que os professores pensem mais no ensino, bem como no planejamento e na composição curricular.

A tarefa de avaliar deve começar no primeiro dia de aula. A avaliação é uma das fases mais importantes do processo de ensino-aprendizagem, pois é por meio dela que vamos obter informações sobre o andamento do nosso trabalho, sendo este o meio de verificar todas as possibilidades e vantagens de um trabalho docente eficiente.

A avaliação é apenas uma fase do sistema de ensino, e não um fim em si mesma. Repito essa frase porque muitos educadores precisam ouvi-la ou lê-la sempre para que se inteirem desse fato, pois esquecem disso, muitas vezes, quando avaliam como se fosse o fim do processo. A avaliação é um indicador da consecução das mudanças de comportamento, propostas pelos objetivos educacionais. Pela avaliação verifica-se o que o aluno é capaz de realizar. Daí a experiência e o amadurecimento profissional influírem profundamente na maneira como evolui a capacidade de organizar a avaliação, e fornecer subsídios para a tomada de decisões relativas à promoção do aluno.

A autoavaliação é necessária. Analisando seus próprios resultados, o aluno aprende a se conhecer e fornecer observações sobre seu comportamento; o aluno tem condições de fixar suas novas necessidades e assumir a responsabilidade das tarefas de aprendizagem.

Como percebemos, ao longo do tempo, é que mesmo com uma bibliografia antiga, alguns autores continuam atualíssimos porque o problema da avaliação persiste, mesmo com todas as mudanças e novas teorias. E até mesmo os autores novos, artigos escritos sobre avaliação nos dias de hoje recorrem aos autores mais antigos, por serem os que mais próximos chegaram da solução dos problemas avaliativos, e, mesmo assim, não foi possível saná-los.

Esperamos que este artigo tenha contribuído para ajudá-lo a compreender melhor o panorama avaliativo brasileiro.

REFERÊNCIAS

BRASIL. Ministério da Educação. **Base Nacional Comum Curricular (BNCC)**. Brasília: MEC, 2017.

BOURDIEU, Pierre; PASSERON, Claude. **A reprodução**. Rio de Janeiro: Francisco Alves, 1975.

FREIRE, Paulo. **Educação como prática de liberdade**. Rio de Janeiro: Paz e Terra, 1977.

FREIRE, Paulo. **Pedagogia do oprimido**. Rio de Janeiro: Paz e Terra, 1979.

HAYDAT, Regina Célia Cazaux. **Avaliação do processo ensino-aprendizagem**. 4. ed. São Paulo: Ática, 1994.

LIBÂNEO, José Carlos. **Didática**. Coleção Magistério – 2º Grau – Série Formação do Professor. São Paulo: Cortez, 1994.

LIBÂNEO, José Carlos. **Democratização da Escola Pública**: pedagogia crítico--social dos conteúdos. São Paulo: Edições Loyola, 1985.

LUCKESI, Cipriano Carlos. **Avaliação da aprendizagem escolar**: estudos e proposições. 2. ed. São Paulo: Cortez, 2003.

LUCKESI, Cipriano Carlos. **Avaliação da aprendizagem escolar**. São Paulo: Cortez, 1998.

LUCKESI, Cipriano Carlos. Avaliação educacional escolar: para além do autoritarismo. Tecnologia Educacional, Rio de Janeiro. **ABT**, [*S. l*], v. 13, n. 61p. 6-5, nov./dez. 1984.

LUCKESI, Cipriano Carlos. **Prática docente e avaliação**. Rio de Janeiro: ABT, 1990.

PERRENOUD, Philippe. **A prática reflexiva no ofício de professor**. Porto Alegre: Artmed. 2002.

ROSA, Nelma Simone Santana. PIRES, Jorge da Silva. A avaliação escolar e suas influências no processo de ensino-aprendizagem. **Revista Científica Multidisciplinar Núcleo do Conhecimento**. Ano. 07, Ed. 02, Vol. 03, pp. 186-206. Fevereiro de 2022. ISSN: 2448-0959, Link de acesso: Disponível em: https://www.nucleodoconhecimento.com.br/educacao/a-avaliacao-escolar. Acesso em: 17 dez. 2023.

SACRISTÁN, Gimeno; GÓMEZ, Péres A.I. Os professores como Planejadores. **Compreender e transformar o ensino**. 4º ed. São Paulo: Artmed, 1998. p. 271-293. Disponível em: http://www.gestaoescolar.diaadia.pr.gov.br/arquivos/File/sem_pedagogica/julho_2014/anexo4.pdf. Acesso em: 4 jan. 2024.

SANTOS, Anderson Oramísio; GIMENES, Olíria Mendes; MARIANO, Sangelita Miranda Franco. Avaliações externas e seus impactos nas práticas pedagógicas: percepções e visões preliminares. **Revista Encontro de Pesquisa em Educação**. Universidade de Uberaba. Uberaba, v. 1, n. 1, p. 38-50, 2013.

SENKEEVICS, Eduardo. **As políticas neoliberais na Educação**: um panorama. 2012. Disponível em: https://ensaiosdegenero.wordpress.com/2012/08/09/as-politicas-neoliberais-na-educacao-um-panorama-geral/. Acesso em: 10 jul. 2017.

Somos mais do que professores de Educação Física. Somos quem com nossas palavras podemos encantar, com os movimentos ensinar e o futuro transformar.

(Marcos Ribeiro)

DO GÊNERO À PRÁXIS: DESAFIOS DA PRÁTICA DOCENTE NA EDUCAÇÃO FÍSICA ESCOLAR, SOB O OLHAR HISTÓRICO, SOCIAL E CULTURAL DE PAPÉIS DE GÊNERO

Eduarda Ferreira Zacarias Silva

O presente trabalho traz reflexões e discussões a respeito do desenvolvimento da Educação Física como disciplina escolar e a problemática da atividade docente ante os desafios relacionados às questões de gênero. Estabeleceu-se um recorte teórico, de cunho histórico, que buscou delinear, ao longo do tempo, suas marcas sociais e culturais; e um recorte metodológico, que buscou na pesquisa bibliográfica os principais relatos e experiências de professores e pesquisadores da área.

Ao longo do trabalho, podemos perceber que as práticas pedagógicas e experiências vividas em escolas são frutos de uma herança histórica, social e cultural brasileira, que não só influenciou a educação no Brasil e suas práticas, mas também toda uma sociedade. O panorama histórico nos dará explicações acerca de questões relacionadas a gênero, exclusão, autoexclusão e inclusão de meninos e meninas em determinadas práticas escolares, mas também nos ajudará a identificar os principais mecanismos de exclusão de gênero existentes nessas práticas e as respostas dadas ao longo do tempo para mudar esse quadro, tais como aulas mistas e aulas coeducativas.

Fatores como o papel da mulher em sociedade, os direitos conquistados, a orientação familiar, a cultura herdada e construída ao longo de anos são fundamentais para entendermos o processo, mas também a observação das diferenças na anatomia humana (entre meninos e meninas) deve ser observada, pois foram esses fatores muito levados em consideração por décadas – inclusive embasando posicionamentos segregadores.

A questão de gênero está latente desde o nascimento do indivíduo e a sua desconstrução depende e muito da atuação do professor de Educação Física – a saber, o educador. Será esse professor/educador, o responsável pelo processo de reconstrução ou até mesmo de reprodução de práticas escolares, que poderão incluir ou excluir alunos. Sob essa premissa, identificamos os principais mecanismos que segregam meninos e meninas, e os mecanismos que agregam e somam à vida do aluno e a sua formação plena.

O tema é atual, principalmente em um tempo em que questões de gênero vêm sendo debatidas nas diferentes esferas da sociedade. Por si só, merece ser visto, discutido e analisado por fazer parte da atividade docente, ou seja, uma grande contribuição para área de Educação Física, bem como da vida acadêmica e da formação do professor de Educação Física.

A discussão acerca da divisão de atividades por gênero vai além da vida estudantil do aluno, quer seja menino ou menina, e, dessa forma, se apresenta como fator fundamental a sua abordagem sob o viés social, histórico, cultural e acadêmico.

A disciplina Educação Física, por meio de suas aulas, reproduz uma educação sexista, quando professores continuam a basear-se no gênero para formar turmas, reforçando os papéis sexuais na escolha de atividades "próprias" para meninos e meninas, separando assim equipes masculinas e femininas nas competições escolares.

A Educação Física Brasileira: constructos de uma disciplina escolar

A Educação Física é a disciplina curricular que se preocupa com o corpo, com a sua regulação e controle por meio de práticas desportivas ritualizadas. O trabalho do corpo, segundo Silva, Gomes e Goellner (2007, p. 16), "é a razão primária a ser tratada pelos docentes no currículo escolar, e por isso, os educadores devem prestar atenção aos tipos de trabalho de corpo que alimentamos e as formas corpóreas que transmitimos". Deve ser a Educação Física uma experiência positiva e importante na vida, experiência essa que desmistifica estereótipos de gênero.

É fundamental apresentar uma linha de tempo da Educação Física no Brasil, para compreender as suas origens no contexto brasileiro, abordando as principais influências que caracterizam e marcam esta disciplina em seu momento atual. É importante destacar que a Educação Física escolar no Brasil teve sua introdução, recomendação e permanência na educação formal num cenário bastante conservador; foi marcada por uma história social com muitos transtornos.

No Brasil, a defesa da Educação Física (EF) como componente curricular foi resultado de sucessivas tentativas de consolidação de um modelo de política educacional ideal. Nesse contexto histórico, as tentativas sempre encontraram barreiras e impasses culturais, e com isso a Educação Física era adequada à ideologia dominante. Nos anos de 1800, a Educação Física estava vinculada às instituições militares e à classe médica. Visando melhorar a condição de vida, a Educação Física favorecia a educação do corpo menos suscetível às doenças. Também a educação sexual associada à Educação Física deveria incutir, nos homens e mulheres brancos, a responsabilidade de manter a "pureza" e "qualidade" deles em detrimento aos escravos negros (Souza Filho, 2010). Souza Júnior (2009) afirma que a Educação Física era sob a forma de ginástica em 1837 e se tornou obrigatória no ano de 1851, nas escolas primárias do Município da Corte Rio de Janeiro. Mas não foi algo de fácil aceitação, pois muitos pais viam seus filhos envolvidos em atividades que não tinham caráter intelectual. A aceitação dos pais por determinada atividade, no caso dos meninos, era maior (pela associação da ginástica com instituições militares) em relação às meninas, já que alguns pais proibiam a participação de suas filhas.

Cavalcante, Buggenstab e Lazarotti Filho (2020) afirmam que Rui Barbosa[1] foi o primeiro a defender a área de EF como disciplina escolar e foi o responsável pela reforma do ensino primário e secundário.

Segundo Lima (2015), foi no início do século XX que a Educação Física foi incluída nos currículos dos estados da Bahia, Ceará, Distrito Federal, Minas Gerais, Pernambuco e São Paulo, com a denominação ginástica. Nessa mesma época, a educação brasileira evidenciou a importância da Educação Física no desenvolvimento integral do ser humano, pois sofria forte influência do movimento escolanovista[2]. A profissionalização da Educação Física aconteceu no Brasil República, inicialmente para atender a formação militar. Em 1928, a Educação Física ganhava um caráter obrigatório para todos os alunos, com aulas diárias e, em 1937, tornou-se objeto de lei constitucional[3] como componente curricular (Lima, 2015).

---

[1] Rui Barbosa defendeu a inclusão da ginástica nas escolas brasileiras. A educação física dessa época era baseada em métodos ginásticos europeus, que buscavam o vigor físico essencial, o equilíbrio da vida humana, a preservação da pátria, a prontidão no obedecer, o asseio no vestuário e no corpo e a dignidade da espécie.

[2] A Escola Nova foi um movimento que visou à renovação do ensino partindo da crítica à pedagogia tradicional. Amplamente difundido no Brasil, o ideário escolanovista se fundamentava principalmente no pensamento de John Dewey.

[3] Castellani Filho (1998, p. 5-6) aponta referência à Educação Física na Lei Constitucional n.º 01 da Constituição dos Estados Unidos do Brasil (Carta Magna do Estado Novo), de 10 de novembro de 1937, em seus artigos 131 e 132: "Art. 131 – A Educação Física, o Ensino Cívico e os Trabalhos Manuais, serão obrigatórios em todas as escolas primárias, normais e secundárias, não podendo nenhuma escola de qualquer desses graus ser autorizada ou reconhecida sem que satisfaça àquela exigência. Art. 132 – O Estado fundará instituições ou dará o seu auxílio e proteção às fundadas por associações civis, tendo umas e outras por fim, organizar para a juventude, períodos de trabalho anual nos campos e oficinas, assim como promover-lhes a disciplina moral e o adestramento físico, de maneira a prepará-la ao cumprimento dos seus deveres para com a economia e a defesa da nação."

É importante destacar que em 1930, com as reformas de Getúlio Vargas, a área ganhou destaque nas políticas públicas com a criação do Ministério da Educação e Cultura (MEC). Justamente com a Educação Física em 1937, a Educação Moral e Cívica e a instrução militar deveriam ser trabalhadas. Era necessário assegurar que os objetivos almejados pelo Estado fossem galgados. A Educação Física obrigatória em todos os níveis escolares foi uma das formas de o governo promover hábitos higiênicos e de saúde entre a população (Souza Júnior, 2009).

Em um processo de industrialização e urbanização, impunha que a Educação Física deveria fortalecer o trabalhador, desenvolvendo o espírito de cooperação em prol da coletividade e melhorar sua capacidade produtiva. Em relação às aulas, a grande maioria dos autores que refletem sobre o tema afirmam que as práticas pedagógicas como a Educação Física foram postas em ação, uma vez que correspondiam aos interesses da classe social hegemônica (Marinho, 1943).

No ano de 1939, a Escola Nacional de Educação Física e Desportos é fundada e integrada à Universidade do Brasil, com grandes avanços no campo das atividades físicas. Ao final do século XIX, o esporte se tornava uma importante manifestação cultural. As práticas desportivas desempenhadas no Brasil Imperial mais significativas eram a natação e a equitação. O remo teve destaque como principal esporte praticado no país até as primeiras décadas do século XX, e nas décadas seguintes, a natação, o tênis, o basquete e o futebol se popularizavam. Durante o governo militar e anos após a Segunda Guerra, todo o ensino passou a ser direcionado para o rendimento esportivo e performance do atleta. Foi o período em que o governo investiu em competições esportivas de alto nível, resultando em uma valorização do caráter tecnicista das práticas físicas (Castellani Filho, 2001).

Ocorreu no ano de 1961 um debate sobre o sistema de ensino brasileiro, e ficou decidido que a Educação Física aconteceria durante os ensinos primário e médio. Já em 1964, sob forte influência tecnicista e da necessidade de preparação de mão de obra, o ensino foi visto como uma maneira de formar mão de obra qualificada e o Decreto n.º 69.450, de 1971, aponta exatamente essa mudança paradigmática, pois a Educação Física passa a ser vista como atividade que deveria desenvolver e aprimorar as forças físicas, morais, cívicas, psíquicas e sociais do educando. A partir de mudanças no cenário político, com a abertura política que ocorreu nos anos 1980, novas concepções foram surgindo na área da Educação Física, principalmente a escolar, e o modelo mecanicista passou a ser questionado (Castellani Filho,

2001). Estudos voltados ao desenvolvimento psicomotor e motricidade na criança começam a ganhar importância na década de 1980 no Brasil, e muitas pesquisas na área passam a ser vistas com o objetivo de desenvolver o indivíduo como um todo, olhando aspectos físicos, sociais e emocionais (Morgado, 2007).

Os desafios que se seguem precisam ser discutidos, enfrentados, para que a Educação Física consiga atingir o objetivo ao qual se propõe. A seguir, discutiremos exatamente algumas das problemáticas encontradas na prática docente escolar e questões de gênero a ela relacionadas.

Fazendo um pequeno resgate histórico e um olhar sobre comportamentos no ambiente escolar durante as aulas de EF, podemos perceber que práticas segregadoras são resultado de um contexto histórico, social e cultural, no qual as meninas eram educadas e incentivadas, desde os primeiros anos, a se comportarem com pouca movimentação corporal ou sem apresentar qualquer tipo de euforia demonstrada em atividades físicas. Por outro lado, as ações de agitação e euforia eram bem-aceitas entre meninos (Altmann, 2018).

Lima (2014) diz que a Educação Física é tida como uma das disciplinas onde mais ocorrem enfrentamentos pelos estereótipos e desigualdade de gênero, pois, historicamente, as atividades de EF sempre estiveram baseadas na segregação entre sexos para a realização dos diferentes jogos, esportes e brincadeiras que a compõem – uma herança cultural pautada na premissa de que prática esportiva se apoiava no universo masculino. Declara em seu artigo que ainda predominam no espaço escolar as práticas homogeneizantes e de caráter funcional, enquanto o que deveria ser cativado era a diversidade de manifestações culturais presentes na sociedade atual. Devendo a escola, como instituição que objetiva a pluralidade e a inclusão, derrubar e lutar contra tais práticas, por meio da identificação de pensamentos culturais e sociais dominantes, que, em geral, se distanciam da cultura dos alunos e que representam a produção cultural de grupos específicos (Lima, 2014).

Barbosa e Nunes (2014) destacam os estudos de Neira e Nunes (2006, 2009), em que os autores apresentam uma proposta de currículo cultural de Educação Física, pautados nos pressupostos do Multiculturalismo Crítico e de Estudos Culturais e com o objetivo de melhorar potencialidades, diminuir injustiças sociais, criando espaços e dando voz àqueles que geralmente não são ouvidos. Para Neira (2011 *apud* Barbosa & Nunes, 2014), uma escola só cumprirá a função social com sucesso quando a EF "derrubar os muros" ao seu redor. O autor defende um currículo de EF capaz de contribuir com a construção de uma sociedade mais democrática e justa, que lute contra a desigualdade social, que transforme o ambiente escolar em um lugar de reflexão sobre a herança cultural e reconstrua a cultura, sem distinção entre os conhecimentos adquiridos por grupos distintos. O objetivo principal, segundo os autores, é alcançar uma escola onde alunos debatam sobre a própria cultura corporal, o patrimônio disponível socialmente e os discursos veiculados pelas mídias.

A complexidade existente, segundo Lima (2015), no panorama social e cultural deste início de século apresenta um contexto de visões e práticas no cotidiano escolar que, a priori, valorizam mais o comum e o homogêneo e ignoram as diferenças. Ainda são predominantes nas escolas propostas curriculares homogeneizantes e funcionalistas, em prejuízo à diversidade de manifestações culturais presentes na sociedade. A autora faz uma crítica importante ao fato de que os currículos escolares no âmbito da EF sejam elaborados muitas das vezes ignorando-se as diferenças culturais, com práticas pedagógicas distanciadas das culturas dos alunos e, portanto, influenciadas pela produção cultural de grupos específicos.

A construção histórico-social e cultural: constructos de papéis de gênero e a Educação Física

A discussão sobre gênero é atual e polêmica no âmbito da Educação Física, entretanto, já lidamos com ela há tempos, em ambiente escolar e nos diversos setores da sociedade. A multiplicidade conceitual de "gênero" é expressa devido à variedade de significações, devendo ser interpretada no contexto em que a palavra é aplicada. A palavra se popularizou durante as conquistas oriundas dos movimentos feministas e no campo acadêmico, com diálogos que buscavam discutir questões de gênero no trabalho, na política, na construção do conceito de gênero, dentre outros debates.

No trabalho de pesquisa de Guedes (1995, p. 5), a autora apresenta alguns conceitos de "gênero", por diferentes autores, tais como: "qualquer agrupamento de indivíduos, objetos, ideias, que tenham caracteres comuns". Segundo a autora:

> Teríamos indivíduos dos dois sexos, o homem e a mulher, agrupados, agregados através de características comuns, ou seja, o feminino para a mulher e o masculino para o homem – esses caracteres podem ser por critérios físicos, biológicos, gramatical, dentre outros, convencionalmente estabelecidos.

Do ponto de vista gramatical, Ferreira (1986 *apud* Guedes, 1995, p. 5) define gênero como "categoria que indica, por meio de desinências, uma divisão dos nomes baseada em critérios tais como sexo e associações psicológicas". Nesse sentido, o autor aponta o gênero masculino, o feminino e o neutro. Ainda segundo Guedes (1995, p. 5), a definição de gênero, em seu sentido mais amplo, está ligada a "caracteres convencionalmente estabelecidos", bem como a "atividades habituais decorrentes da tradição" com base na linguística; vemos que os significados são representações de culturas dominantes, ou seja, se as características que denominam o termo "gênero" têm que ser convencionalmente estabelecidas, elas vão passar pelos padrões estabelecidos.

A Linguagem, segundo Louro (2007), é um campo de construção de gênero; não sendo expressa apenas pelas relações de poderes e lugares, mas instituídas por elas; não apenas veiculada, mas produzida e o "lugar" em que pretende-se fixar diferenças.

Goellner (2005 *apud* Devide *et al.,* 2011) afirma que:

> [...] o termo gênero desestabiliza [...] a noção de existência de um determinismo biológico cuja noção primeira afirma que homens e mulheres se constroem masculinos e femininos pelas diferenças corporais e que essas diferenças justificam [...] desigualdades, atribuem funções sociais e determinam papéis a serem desempenhados por zm ou outro sexo.

Medeiros e Moraes (2015) acreditam que o termo "gênero" é, muitas das vezes, erroneamente utilizado em referência ao sexo biológico. Por isso, para as autoras, é importante enfatizar que o gênero diz respeito aos aspectos sociais atribuídos ao sexo. Ou seja, gênero está vinculado a construções sociais, não às características naturais. O gênero, portanto, se refere ao comportamento que se espera dentro de uma sociedade, ao longo do tempo, de funções, papéis, e comportamentos definidos e desempenhados consequentemente pelo sexo biológico.

As características biológicas que diferenciam homens e mulheres são denominadas pela palavra "sexo" e a sua distinção é dada pelas genitálias. O gênero é a construção social, ou seja, o que é atribuído ao sexo nas relações sociais (Louro, 2001 *apud* Medeiros; Moraes, 2015). Esse ponto muito nos interessa e vai embasar toda a problemática da discussão deste estudo, tendo como eixo central a questão de gênero. Vejamos este exemplo citado por Medeiros & Moraes (2015):

Muitas vezes escutamos frases como "cuidar da casa é coisa de mulher". O que está por trás de frases desse tipo é justamente a questão de gênero: se o que caracteriza "ser mulher" são simplesmente características biológicas e anatômicas, não haveria razão para alguém atribuir uma atividade especificamente às mulheres. Isso demonstra que há algum sentido a mais atribuído a "ser mulher", algo que vá além do sexo biológico. Esse "algo além" é, justamente, o gênero.

Existem atividades de Educação Física que são consideradas específicas de meninas ou de meninos, entretanto, nos perguntamos: qual construção social é responsável pela designação da dança para as meninas? Ou qual a diferença que o sexo faz para atividades esportivas distintas, a não ser o fato de essas serem construções sociais, históricas e culturais bem marcadas?

Silva *et al.* (2007) afirmam que:

> [...] as pessoas são categorizadas como percorrendo a um outro gênero através dos significados da sua aparência, comportamentos, como por exemplo, o vestir, o penteado, a maneira como se movimentam e atuam, a sua linguagem corporal. Com efeito, os sinais e símbolos de gênero estão em todo lado e, assumidos como formas padronizadas de ser e de estar, não são percebidos como tal. Logo, o gênero é quase sempre produzido de forma não intencional não é algo que fomos ou somos, mas que produzimos ou fazemos, assumindo-se como uma questão de aprendizagem, de trabalho contínuo, e não uma simples extensão da diferença sexual biologicamente dada.

A sociedade brasileira era tipicamente bem definida em relação aos papéis desempenhados entre homens e mulheres. Os homens eram os provedores dos lares e gestores dos bens familiares, e as mulheres as gestoras do lar. As mulheres eram sustentadas por esses recursos e, caso tivessem interesse em trabalhar fora de casa, precisavam da autorização de seus maridos. Vários fatores que ocorreram posteriormente e estão marcados na história, principalmente ao longo dos séculos XIX e XX, propiciaram a mudança dessa divisão de tarefas. Podemos dizer que a revolução industrial, a necessidade de mão de obra na produção, a guerra e o pós-guerra foram fatores importantes para algumas mudanças dentro do seio da sociedade. O Movimento Feminista também contribuiu para tal, bem como a inserção de mulheres em espaços tipicamente voltados aos homens, que também começavam progressivamente a se inserir em espaços domésticos. Ao olhar para a história da Educação Física, observa-se que o fato de meninas participarem de aulas de Educação Física era inaceitável até 1930, quando os meninos e meninas passaram a receber o mesmo ensino nas escolas, ainda existindo diferenças entre o que se ensinava para mulheres e para homens (Souza Junior, 2009).

Donna Haraway, em 1995 (*apud* Altmann, 2018), se viu com a missão de elaborar um dicionário e de conceituar gênero, que foi definido do seguinte modo: "é um conceito para contestar a naturalização da diferença sexual em múltiplos terrenos de luta". Segundo Altmann (2018) afirma que esse conceito foi influenciado por Simone Beauvoir, que afirmava em 1941 que "não nascemos mulheres, tornamo-nos mulheres" (Altmann, 2018, p. 9). A obra de Simone Beauvoir muito influenciou o movimento feminista e o seu pensamento.

Apesar dessas mudanças sentidas ao longo de décadas e com relação aos espaços ocupados, será que as mulheres conseguem se inserir nos espaços públicos da mesma forma que os homens? Será que o espaço doméstico já está completamente descaracterizado como algo tipicamente "feminino"? Sobre essa reflexão, Altmann (2018) registra o fato de os meninos ocuparem os espaços da escola muito mais que as meninas.

O biólogo estadunidense John Money, em 1955, foi o primeiro conceituador da palavra "gênero" no sentido mais próximo do que conhecemos hoje, com o intuito de dar conta dos aspectos sociais do sexo. Antes disso, a palavra "gênero", tanto em inglês como em português, estava restrita à gramática, significando "sexo" dos substantivos. Esse mesmo autor prossegue afirmando que o "gênero" e o "sexo" diferem-se quanto ao seu significado, pois enquanto "gênero" refere-se aos aspectos socialmente construídos, "sexo" refere-se aos aspectos estritamente biológicos (Silva, 2003; Medeiros; Moraes, 2015).

As relações de gênero tratam das diferenças que são resultantes de construções sociais e culturais, que, segundo Buonocore (2017), trata-se de uma fabricação das desigualdades sociais e da dominação masculina, mas não em decorrência da natureza humana. Segundo o autor, citando Pierre Bourdieu, são três as instituições que permitem essa dominação: a família, a escola e a igreja. Por isso, o preconceito ainda persiste, em se tratando de relações de gênero, atingindo todos os níveis de instrução, de participação política e econômica. Uma questão ampla e presente em todos os ramos da sociedade e disseminada culturalmente (Buonocore, 2017).

Castellani (2015) destaca que a Lei de Diretrizes e Bases da Educação Nacional (LDB) não recomenda a separação de atividades desportivas entre sexos ou tipos de atividades e que os parâmetros curriculares nacionais (PCNs) recomendam aulas mistas, e estas são consideradas uma oportunidade para que os alunos convivam, compreendam e respeitem diferenças entre si.

Segundo Fernandes (2010), ocorre de maneira quase natural a apresentação às crianças da separação natural de meninos e meninas, não só no ambiente escolar, mas também nos diversos setores da sociedade – uma separação naturalizada, com base em gênero, em seu sentido biológico.

A relação da mulher com a atividade física sempre foi bem peculiar. A sua história foi bem marcada por processos de exclusão e de conquistas. A primeira Olimpíada em 1896, data que marca um processo de democratização de seu acesso ao campo esportivo, teve apenas a presença de mulheres como espectadoras. A imagem de fragilidade e submissão sempre esteve ligada à mulher na história, principalmente na Antiguidade, Idade Média e Moderna. A mulher no esporte sofreu um longo processo de discriminação pelos homens, que apresentavam argumentos frágeis e dificultaram sua participação em diversas modalidades. No início elas não competiam oficialmente, apenas como participantes, assim não ganhavam medalhas, apenas certificados. Apenas em 1936 elas foram consideradas atletas oficiais dos Jogos Olímpicos. As primeiras modalidades femininas inseridas foram o tênis, tiro com arco, natação e hipismo, este como modalidade mista.

Devido às diferenças na anatomia e na fisiologia de homens e mulheres, a mulher era segregada da atividade física. Ela era vista como um tipo frágil, incapaz, inapto para esforços, um corpo a ser preservado para reprodução apenas. Na época imperava um pensamento de que a mulher não deveria gastar energia com outras atividades. A prática da atividade física desportiva para a mulher não era aconselhada e até proibida (Miragaya, 2002).

Quando voltamos à história, verificamos que as mulheres obtiveram oportunidades diferentes ou não tiveram as mesmas oportunidades, quando comparadas aos homens, no que diz respeito às práticas de atividades esportivas. Um exemplo clássico é o futebol, que historicamente é jogado por homens, assumindo um caráter identitário no universo masculino (Pereira; Mourão, 2005).

De acordo com Cruz e Palmeira (2009), as mulheres exercem, historicamente, papéis secundários em relação aos homens, em quaisquer setores da sociedade. Essa superioridade masculina foi construída culturalmente a partir das diferentes formas de educar homens e mulheres, o que desenvolveu habilidades e competências específicas para cada gênero. O contexto familiar contribuiu para acentuar as diferenças no tratamento entre meninas e meninos, inclusive no ambiente escolar – as crianças são criadas desde muito cedo, com valores e conceitos estereotipados, ou seja, com preconceitos ou "rótulos", de forma generalizada e dada pelo senso comum.

Goellner (2001), em seu artigo que trata de questões relacionadas ao corpo feminino e feminilidade, afirma que em seu resgate histórico, tomando como base autores da época, identificou as primeiras defesas da prática esportiva para a mulher, porém com o objetivo inicial de prepará-las para a procriação, afinal, ser feminina era poder gerar filhos saudáveis.

O movimento higienista foi importante para a mulher sair do estado de segregação total com relação à atividade física. No século XX, médicos começaram a defender a necessidade de a mulher de se movimentar, de forma a gerar filhos mais saudáveis (Chicon, 2013; Silva *et al.*, 2018).

É sabido que o processo de entrada da mulher na prática esportiva não foi rápido. As primeiras conquistas se deram em ambiente familiar, espaços reservados e elitizados. Contudo, o processo de apropriação dos espaços esportivos pela mulher foi contínuo, gradual e não conflituoso (Mourão, 2000). Para Mourão (2000), a crescente democratização da participação da mulher brasileira em atividades desportivas delineava um novo cenário, aparentemente mais justo e solidário, mais humano e cidadão; o que proporciona a diminuição das separações entre homens e mulheres.

Atualmente, as mulheres participam das mais diversas modalidades esportivas, demonstrando que os espaços foram conquistados ao longo de décadas, e que esse processo de emancipação da mulher brasileira ocorreu sem que fossem necessários confrontos, lutas por espaços, mas, sim, em um processo de interação e aos poucos uma certa infiltração. Não houve conflitos envolvendo movimentos feministas ou de equalização de gênero. Entretanto, acredita-se que os espaços a serem preenchidos ainda são amplos, pois é nítida a grande maioria de homens que se envolvem nas federações, confederações, lideranças, ligas, clubes, dirigentes, técnicos, árbitros, dentre outros profissionais (Altmann, 2018).

O discurso que dominava, tanto no meio acadêmico-científico como no jurídico e na sociedade em geral, era fundamentado na "biologia dos corpos", ou seja, que considerava "as mulheres como fisicamente frágeis e, por isso, naturalmente delicadas, submissas e afetivas e os homens fortes, e, portanto, dominantes, vigorosos e intelectuais" (Vaitsman, 1994, p. 76).

Estudos de gênero na Educação Física brasileira

A Educação Física (EF) brasileira passou a refletir sobre a temática de gênero, negando a teoria do determinismo biológico que, historicamente, era a principal justificativa para a exclusão das mulheres no âmbito da EF e do desporto (Devide *et al.* 2011). Segundo Louro (1997), o movimento feminista foi um dos principais motivadores dos Estudos de Gênero na EF brasileira, levando-se em consideração as suas diversas fases, desde quando esse era um movimento mais polarizado, ou seja, concentrado, voltado para o interesse da classe média e da mulher branca e, posteriormente, quando se torna um movimento mais plural, abrangente, político e que defendia a igualdade e a participação da mulher na sociedade, do final da década de 1960 em diante (Louro, 2001 *apud* Medeiros; Moraes, 2015).

Segundo Abreu e Andrade (2010 *apud* Altmann *et al.*, 2009), o termo "gênero" começou a ser difundido no Brasil e na Educação Física somente na década de 1990, quando algumas pesquisas começaram a ser desenvolvidas, e ele deixou de ser visto estritamente como biológico e passou a ser visto como função social. Até esse período existiam pesquisas sobre mulheres e educação com turmas mistas, mas sem relacionar e categorizar o termo "gênero".O grupo de Estudo da Universidade Salgado de Oliveira, em Alcântara, São Gonçalo, apresentou pesquisa que objetivou mapear alguns aspectos relativos ao quadro teórico dos estudos de gênero na Educação Física (EF) no Brasil, tais como: correntes teóricas, temáticas recorrentes, lacunas, grupos de pesquisa e intelectuais cadastrados no CNPq, além dos livros sobre gênero na EF e esporte. Segundo o grupo de estudo, a literatura apontou que os estudos de gênero na EF iniciaram na década de 1980, organizando-se em três correntes centrais: marxista, culturalista e pós-estruturalista. Abordando temáticas como: metodologias de ensino na EF escolar, estereótipos nas práticas corporais, mecanismos de inclusão e exclusão na EF; história das mulheres no desporto; representações sociais sobre gênero na mídia esportiva; mulheres em posições de comando no desporto; e identidades de gênero no desporto. No artigo intitulado "Estudos de Gênero na Educação Física Brasileira", os autores apresentam a produção do conhecimento na EF, que foi acentuada, após a década de 1980, com o surgimento dos primeiros Programas de Pós-Graduação *stricto sensu* (PPG). O estudo identificou as principais pesquisas sobre gênero na EF e no esporte nos anos 2000, as quais refletiram o surgimento de uma nova temática na EF. Os autores apresentam diversos autores de livros (Romero, 1995,

1997; Votre, 1996; Saraiva, 1999; Simões, 2003; Luz Júnior, 2003; Goellner, 2003; Knijnik; Souza, 2004; Devide, 2005; Abdalad, 2005; Valporto, 2006; Romero; Pereira, 2008; Gomes, 2008), além de dissertações, teses, artigos em periódicos e eventos científicos (Devide *et al.* 2011).

Vale a pena dissecar as correntes citadas pelos autores, a saber: a corrente marxista baseia-se na preocupação em relação às desigualdades sociais, especificamente na opressão de classe entre homens e mulheres, caracterizando uma hierarquia de dominação-submissão; o culturalismo é a corrente que defende a importância central da cultura como uma força organizadora nos assuntos humanos. O termo foi originalmente cunhado pelo filósofo e sociólogo polonês-americano Florian Znaniecki em seu livro *Cultural Reality* (1919), que tem investigado a diversidade cultural e as múltiplas identidades como temas centrais. O estruturalismo é uma abordagem de pensamento compartilhada pela psicologia, filosofia, antropologia, sociologia e linguística que vê a sociedade e sua cultura formadas por estruturas sob as quais baseamos nossos costumes, língua, comportamento, economia, entre outros fatores. E, por fim, o pós-estruturalismo como uma corrente de pensamento que surge a partir de críticas direcionadas ao estruturalismo. Em função do desprezo das condições históricas, o estruturalismo desde sua origem sofre condenações por aplicar certo determinismo estrutural. Com tais perspectivas, surge o pós-estruturalismo não como um contraponto ao estruturalismo, e sim uma desconstrução ligada ao pós-modernismo. Para os pós-estruturalistas, a realidade é construída socialmente e tem forma subjetiva. Isso dá liberdade de interpretação aos sujeitos, e esta desconstrução permite dissociar significante de significado. Os principais pensadores pós-estruturalistas são Jacques Derrida, Gilles Deleuze e Michel Foucault.

Em seu livro *Educação física e gênero: olhares em cena*, Agripino Alves Luz Júnior (2003) analisou dissertações e teses de EF defendidas nas décadas de 1980 e 1990 e concluiu que os primeiros estudos da área focalizaram as questões de gênero na EF escolar, especificamente os estereótipos e papéis sexuais e a distribuição dos alunos nas aulas de EF mista e separada por sexo. O interesse pela temática é crescente e isso se reflete na produção acadêmica e em Programas de Pós-Graduação. O autor identificou a tomada do gênero como categoria histórica de análise em EF e sob a influência da área médica e de seus primeiros estudos com viés pautado em fatores biológicos.

Os Estudos de Gênero na EF brasileira foram fortemente influenciados por duas correntes teóricas predominantes: a marxista e a culturalista.

Entretanto, a partir da virada do século XX, a corrente pós-estruturalista passa a ser identificada na produção teórica da EF, ampliando a discussão da área (Devide *et al.* 2011). Devide *et al.* (2011) afirmam que estudos de gênero e diferentes autores, tais como Joan Scott, Judith Butler e Guacira Louro, estão entre os mais citados e referenciados na EF, ampliando o campo de Estudos de Gênero, com ênfase na noção de identidades "plurais", buscando desconstruir o pensamento polarizado entre o gênero masculino e feminino, que são vistos como dois polos que acabam por gerar uma relação de dominação e submissão. Segundo os autores, tais correntes de pensamento levam ao questionamento do caráter heterossexual do conceito de gênero, possibilitando o reconhecimento de uma masculinidade e feminilidade "plurais", que contestam a noção de identidades hegemônicas.

Segundo Goellner (2005 *apud* Devide, 2011), os Estudos de Gênero na EF ainda estão em construção, apresentando equívocos de ordem epistemológica, analítica, conceitual e política, não retratando a produção acadêmica da área, nem se referindo ao gênero como construto social, cultural, histórico e relacional. Devide *et al.* (2011) afirmam que os estudos sobre estereótipos relacionados às práticas corporais na EF vêm sendo construídos mais recentemente, e tais estudos são de suma importância, pois têm indicado que as modalidades esportivas sofrem um processo de generificação, ou seja, que lhes confere uma identidade masculina (por exemplo: futebol) ou feminina (por exemplo: dança), contribuindo para a discriminação entre meninos e meninas que se inserem em modalidades opostas ao seu gênero.

Historicamente, na busca por transpor esse pensamento estereotipado, em 1920 foram criadas as Escolas Mistas com o objetivo de igualar o acesso educacional para homens e mulheres, mas mesmo ocorrendo à convivência no mesmo ambiente, meninos e meninas ainda enfrentavam questões de gênero, visto que culturalmente a mulher era vista como um ser inferior, que não necessitava aprender a ler e escrever (Pereira, 2004).

Nas aulas de Educação Física esse olhar enviesado para trabalhar com turmas homogeneizadas era justificado pelo fato dos corpos e habilidades entre meninas e meninos serem diferentes. A separação por sexo, nas aulas de Educação Física, fundamenta-se no sentido de corpo como algo biológico e no conceito de que o corpo feminino é naturalmente mais fraco que o corpo masculino (Lima, 2014).

Essa perspectiva de separação perdura até os dias atuais em muitos lugares, visto que é incentivada desde muito cedo na vida escolar das crianças.

As crianças, ao serem inseridas no contexto escolar, visualizam as diferenças entre meninos e meninas, e, em muitos casos, encontram na escola aquilo que aprenderam em suas casas, por intermédio dos seus pais. Observa-se que desde a tenra idade a criança é levada a compreender que existem atividades esportivas que devem ser praticadas por meninas e atividades que são preponderantemente para meninos. Para Ayoub (2001, p. 57):

> As crianças, desde muito cedo, vão aprendendo que "dança é coisa de menina" e "luta é coisa de menino", reforçando estereótipos em relação às práticas corporais e aos diferentes papéis sociais desempenhados por meninas e meninos, mulheres e homens. Mais tarde, serão o "futebol dos meninos" e o "vôlei das meninas" alguns dos principais exemplos de estereotipias no âmbito da Educação Física escolar, as quais têm reforçado a ideia de turmas separadas em meninos e meninas nas aulas de Educação Física.

Gênero, exclusão e relações na Educação Física escolar

Um dos motivos pelos quais pesquisas sobre Gênero na Educação Física foram sendo realizadas foi o fim da separação de meninos e meninas, dando lugar a realização de aulas mistas dessa disciplina nas escolas. As aulas de EF foram se tornando mistas a partir da década de 90 – principalmente na rede pública de ensino –, fato que intensificou e promoveu debates entre professores, dirigentes de ensino e pesquisadores (Altmann, 2018). A produção científica foi motivada, com pesquisas e análises, principalmente na busca de identificação de vantagens e desvantagens dessas aulas mistas.

O que se constatou é que o fato de meninos e meninas desempenharem atividades mistas não excluiu dilemas enfrentados dentro das escolas. Uma pesquisa sobre desempenho de meninos e meninas apontam os principais conflitos enfrentados por docentes em aula.

> Ao longo da sua história, a Educação Física manteve uma forte tradição de separação de alunos e alunas por sexo nas suas aulas. Apenas mais recentemente, a partir da década de 1990 do século passado, essa tradição começou a ser modificada, e muitos meninos e meninas passaram a compartilhar os mesmos espaços. Mesmo assim, nem sempre realizam as mesmas atividades nas aulas de Educação Física, pois aula mista não tem sido sinônimo de práticas mistas ou ainda coeducação. O que se observa, é que, em muitos casos, a aula

ocorre simultaneamente para meninos e meninas, mas as separações de gênero continuam acentuadas, com meninas realizando atividades diferentes dos meninos (Altmann; Ayoub; Amaral, 2009, p. 9).

De acordo com Louro (2007), a educação deverá cumprir o papel de construção do sujeito, e a educação corporal é fundamental em processos de socialização, escolarização e formação do indivíduo como agente social, não só na vida escolar, mas ao longo de toda uma vida. Dessa forma, as aulas mistas contribuiriam no processo de socialização e respeito ao próximo – uma relação mútua e integrada.

Altmann (2018) afirma que aulas mistas podem problematizar concepções estereotipadas de feminino e de masculino, mostrando que nem todos os meninos se identificam com esportes e jogos coletivos e que meninas também sabem e gostam de jogar. Um dos principais problemas vividos em aulas de EF com turmas mistas é a exclusão e a autoexclusão. Em estudo quantitativo para verificar quem participava mais da atividade futebol, a pesquisadora comparou quantas vezes meninos e meninas tocavam na bola. Ao todo, 251 vezes para os meninos e 99 vezes para as meninas. Assim, os meninos tocavam três vezes mais do que meninas. Evidentemente, esse não pode ser o único parâmetro a ser considerado, tampouco uma única razão para que meninos participem mais de atividades com bola, mas aponta para algo que é bem presente nas escolas (Altmann, 2018).

Mello (2001) afirma que privilégios e tratamentos diferenciados entre meninos e meninas podem desenvolver desempenhos e habilidades motoras distintas, pois, em alguns momentos de atividades de EF, meninas são conduzidas à passividade, enquanto meninos preferem, de modo geral, as atividades agitadas e vigorosas. Devido ao desenvolvimento corporal diferenciado, capacidades motoras e habilidades corporais distintas, com parâmetro de gênero, em uma concepção exclusivamente biológica, um sexo se torna mais hábil que o outro, criando imagens estereotipadas entre sexos.

Relações de exclusão podem ser observadas claramente ao analisarmos a ocupação do espaço físico escolar, onde é constatada a predominância de ocupação dos espaços mais amplos pelos meninos. Os autores atribuem isso não ao fato de serem mulheres, mas de serem consideradas mais fracas e menos habilidosas. Os autores identificam, dessa forma, que, "em síntese, gênero, idade, força e habilidades formam um emaranhado de exclusões vividas em aulas e recreios". Para professores, a diferença de habilidades é proveniente de experiências esportivas distintas que meninos e meninas têm ao longo de suas vidas, pois "eles desde quando se entendem como homem estão com a bola no pé" e elas não. Assim, professores de EF escolar, ao tentarem garantir oportunidades justas – equidade entre gêneros –, começam a questionar os padrões de exclusão das crianças e a intervenção docente ou o estabelecimento de regras que garantam relacionamentos entre os envolvidos. Portanto, a exclusão se dá quando ocorre a ação ou efeito de excluir, de segregar, de deixar de fora. São situações em que há afastamento ou separação. Na contramão desse processo, o esporte pode servir para agregar, unir, incluir (Nascimento, 2016).

Como instrumento pedagógico de inclusão, o esporte necessita ser integrado às diferentes práticas e objetivos da educação, de desenvolvimento das individualidades, de formação para a cidadania e de orientação para a prática social. O esporte como prática corporal encontra-se inserido de uma maneira fortemente presente no ambiente escolar. Está presente em vários discursos como ferramenta de inclusão social. O problema da exclusão dentro do âmbito escolar e dentro do contexto da Educação Física é algo que ocorre de forma transversal, com questões que se cruzam e se entrelaçam. Temos a exclusão social, no sentido de que determinadas atividades desportivas fazem parte de espaços e grupos específicos, não sendo alcançadas por todos. Existe a exclusão de pessoas do mesmo sexo, com capacidades e habilidades diferenciadas, e ocorre ainda a exclusão por pessoas de sexo diferente e onde podemos verificar questões relacionadas a diferença de gêneros, já discutida anteriormente (Lima, 2014).

Prática docente e questões de gênero

Para minimizar as diferenças entre os gêneros, existe a necessidade de reformulação do currículo de ensino de Educação Física e o alinhamento de uma metodologia que atenda às necessidades de meninos e meninas. Para tal, foram necessárias mudanças conceituais, de práticas e de paradigmas na área. Silva (2014) aponta para as atividades lúdicas, uma alternativa para se alcançar e realizar atividades coeducativas, visto que oferecem a oportunidade de gerar transformações culturais significativas. Essas transformações culturais e sociais é o que permitiria experiências mais igualitárias, solidárias e comprometidas em aceitar as diferenças como algo positivo e de fácil adaptação. É necessário desnaturalizar e ressignificar conceitos arraigados e renunciar a métodos tradicionais, focando, pesquisando e experimentando novos conceitos de práticas pedagógicas.

Segundo Silva (2014), é possível compreender a importância das práticas de esportes entre meninas e meninas, entretanto as diferenças entre sexos são evidentes, uma vez que é perceptível que as meninas não possuem a mesma habilidade que os meninos. Vale ressaltar que autores apresentados aqui já consideraram tais diferenças, porém defenderam que culturalmente meninas não são estimuladas a desenvolver suas habilidades desde cedo, como no caso dos meninos.

Moura e Mourão (2005), em pesquisa relacionada à questões de gênero e aulas de EF, concluíram que, de forma negativa, as atividades desempenhadas por meninos e meninas podem produzir desigualdades entre gêneros, convalidando o pensamento de que a instituição escolar pode, de forma velada, reproduzir estereótipos discriminatórios produzidos na sociedade.

Ao longo de sua história, a Educação Física manteve uma forte tradição de segregação entre meninos e meninas, nas aulas. Apenas mais recentemente, a partir da década de 1990, como já anteriormente mencionado, essa tradição começou a ser transposta, e muitos meninos e meninas passaram a compartilhar os mesmos espaços. Mesmo assim, nem sempre realizam as mesmas atividades nas aulas de Educação Física, pois aula mista não tem sido sinônimo de práticas mistas ou ainda coeducação. Na prática, ocorrem muito mais aulas simultâneas, prevalecendo ainda uma separação por gênero acentuada, com meninas realizando atividades diferentes dos meninos (Altmann, 2009).

Lima (2014) declara que, em detrimento à diversidade de manifestações culturais presente na sociedade atual, ainda predominam nas escolas propostas curriculares homogeneizantes e funcionalistas. No âmbito da Educação Física (EF) a autora identifica pensamentos culturais e sociais dominantes influenciando a prática pedagógica distanciada das culturas dos alunos e, portanto, colonizada pela produção cultural de grupos específicos.

Altmann *et al.* (2009) afirmam que, entre algumas práticas conjuntas possíveis e de bom rendimento, estão o queimado, o alongamento, a ginástica em geral, jogos cooperativos, dança e *hip hop*. Silva (2002, p. 2) salienta que: "precisamos fundamentar uma ação pedagógica que permita às mulheres e aos homens, conjunta e indiscriminadamente, conhecimento e vivências lúdicas do corpo que pensa, sente, age, constrói e consome cultura".

Neira (2011) aconselha que as ações pedagógicas deverão tematizar, mapear, ressignificar, aprofundar e ampliar, registrar e avaliar. Enquanto os docentes organizam as atividades de ensino e interpelam, os estudantes, com seus posicionamentos pessoais e coletivos, reconstroem os conhecimentos veiculados, alterando, replanejando e enriquecendo as aulas. Dessa forma, o currículo de EF se tornaria um Currículo Cultural, diferentemente dos demais, com potencialidades para diminuir as injustiças sociais, posto que cria espaços e constrói as condições para que as vozes e as gestualidades subjugadas possam ser reconhecidas pelos estudantes, a fim de propiciar a inclusão.

Segundo Lima (2014), o papel do educador deve ser sempre o de mediador do processo de ensino-aprendizagem e a postura dele deve ser a de um observador durante a ação didática, o que possibilita reconhecer discursos que "atravessam as raízes culturais" das manifestações corporais, durante as aulas de lutas, esportes, ginásticas, danças e brincadeiras. Com base no autor, para que tais objetivos sejam alcançados deverão ser seguidas as seguintes diretrizes: justiça curricular; descolonização do currículo; evitação do daltonismo cultural; ancoragem social dos conhecimentos. Observemos o significado de cada uma das diretrizes, de acordo com a definição do autor:

> Justiça curricular: é possível compreender a importância de uma distribuição equilibrada das diversas manifestações da cultura corporal a partir do seu grupo social de origem.
>
> Descolonização do currículo: ter consciência de que um currículo que nega os conhecimentos dos grupos economicamente menos favorecidos, concomitantemente coloca em circulação a impressão de que a contínua condição desprivilegiada desses sujeitos na sociedade lhes é merecida.
>
> Evitação do daltonismo cultural e suas consequências: buscar uma variedade de atividades de ensino, a fim de reconhecer as leituras e interpretações dos alunos acerca da manifestação objeto de estudo.
>
> Ancoragem social dos conhecimentos: engajar-se no estudo, investigação e análise da manifestação corporal em pauta; na seleção de materiais didáticos adequados e na preparação de atividades específicas, compreendendo, entendendo que manifestações corporais foram produzidas em um contexto sócio-histórico específico e sofreram inúmeras transformações em decorrência de suas íntimas inter-relações com a sociedade mais ampla.

Lima (2014) afirma ainda que existe uma complexidade do panorama social e cultural deste início de século que caminha junto em um contexto de visões e práticas no cotidiano escolar que priorizam o comum e o homogêneo ao mesmo tempo que ignoram as diferenças. Em detrimento da diversidade de manifestações culturais presentes na sociedade, predominam nas escolas propostas curriculares homogeneizantes e funcionalistas. A autora faz uma crítica importante ao fato de que os currículos escolares no âmbito da EF são elaborados muitas vezes ignorando-se as diferenças culturais, sem uma prévia reflexão conjunta, que acaba por promover práticas pedagógicas distanciadas das culturas dos alunos e, portanto, colonizada pela produção cultural de grupos específicos.

RESULTADOS E DISCUSSÃO

O presente trabalho buscou resgatar o desenvolvimento da Educação Física no Brasil e apresentar a sua relação com questões de gênero, identificando suas marcas no cenário educacional brasileiro, a sua influência na prática pedagógica e na construção do aluno, delineando um quadro da prática docente e de ensino-aprendizagem bastante complexo e perpetuado por décadas.

A identificação dessas complexidades e desafios serviu para auxiliar e embasar futuros debates, mostrando que questões de gênero não foram superadas por completo com a implantação de aulas mistas, ao contrário suscitaram novos desafios relacionados com a implantação de práticas coeducativas, superação de embates entre meninos e meninas, oportunidades diferentes dadas a ambos e a falta de desenvolvimento de habilidades e respeito aos gostos e identidades individuais.

A seguir, na Figura 1, apresentamos um organograma de habilidades por sexo, elaborado para esta pesquisa, com base em Nascimento (2016).

Figura 1 – Habilidades por sexo

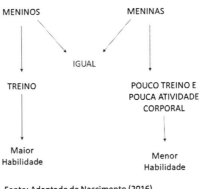

Fonte: a autora, baseado em Nascimento (2016)

Em sua pesquisa, o autor verificou que, comparando as atividades desempenhadas entre meninos e meninas, no ambiente escolar, estes possuem desempenhos muito diferentes devido a estímulos desiguais (Figura 1). Esse desenvolvimento diferenciado se daria pelos estímulos diferentes recebidos, devido a razões culturais, que impõem determinados comportamentos e que influenciam as práticas desportivas exercidas nas escolas. Para o autor, as habilidades de meninos e meninas são iguais, porém sofrem estímulos diferentes (Nascimento, 2016).

Esse comparativo nos leva a entender que meninos e meninas podem desenvolver habilidades em sua capacidade plena; podem desenvolver as mesmas atividades, respeitando-se as suas potencialidades. A questão está em proporcionar a meninos e meninas o desenvolvimento de habilidades desde muito cedo, em um ambiente extraclasse inclusive, permitindo iguais oportunidades, não igualando capacidades, mas proporcionando equidade de condições.

O quadro a seguir (Figura 2) é um organograma elaborado para a compreensão do processo de análise e elaboração da presente pesquisa, criado a partir do referencial teórico utilizado neste estudo.

Partindo do eixo central, a "Educação Física Brasileira" foi tida como área de conhecimento e disciplina obrigatória. O seu desenvolvimento e estabelecimento se deu a partir de um cenário social e cultural, que foi se desenhando ao longo da história. As relações de gênero foram marcantes por décadas e exprimem bem a complexidade que tanto alunos quanto docentes experimentaram e ainda experimentam, tais como processos de exclusão, autoexclusão, discriminação e segregação. Em resposta a essas práticas, uma nova Educação Física foi proposta, com atividades mistas que objetivavam incluir, agregar, mas que na prática deram novos arranjos às relações de gênero e aprofundaram alguns processos, camuflando a sua pretensa resolução.

Figura 2 – Organograma do Desenvolvimento da Pesquisa

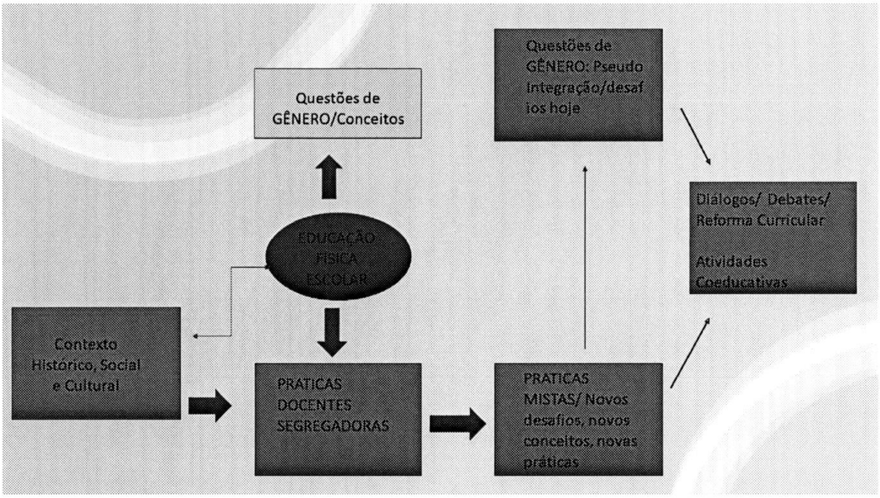

Fonte: a autora

Para entendermos o cenário presente, que muitas vezes apresenta aulas excludentes, desmotivadoras, repetitivas, sem criatividade, sem identidade cultural e, ainda, preconceituosas e de instrumento de aprofundamento de diferenciação entre indivíduos, segregacionistas e não inclusivas, foi preciso buscar na história de construção social e cultural brasileira as suas respostas.

Após identificarmos os processos histórico, cultural e social que motivaram o estabelecimento da disciplina, que incentivaram a prática esportiva inicialmente por homens e, posteriormente, por mulheres, como uma conquista, foi feita a busca da origem de processos que veem e estabelecem atividades distintas por sexo. Identificamos que, mais do que uma questão de divisão por sexo, as questões estão mais relacionadas com a divisão por gênero, uma herança histórica, sobretudo quando olhamos o papel de homens e mulheres ao longo do tempo.

Chicon (2013), em pesquisa cujo eixo principal foi inclusão/exclusão no contexto da Educação Física no âmbito escolar, faz apontamentos e traz análises dos aspectos relacionados com a trajetória sócio-histórica da EF. O autor não considera arbitrário o processo de desenvolvimento da EF, mas relacional, ou seja, interligado e contextualizado. A busca de se entender no resgate histórico o cenário atual faz todo o sentido, na visão do autor, pois é nesse diálogo com o passado que se pode esclarecer o presente.

A questão de gênero também foi construída social e culturalmente e a escola constitui um importante local de representações e manifestações nesse campo, capaz de identificar e expressar valores e ações. No caso da Educação Física, as representações e expressões de gênero podem ser bem nítidas na escola, possibilitando estudos para análise das interações, fragilidades e potencialidades tanto dos/as professores/as quanto alunos/as perante as questões de gênero (Altmann, 2018). Um exemplo dado por Altmann (2018) é o de que, em atividades físicas que envolvam força, tanto meninos preferem deixar as meninas de fora das atividades quanto meninas se excluem para não sofrerem acidentes, devido à brutalidade dos meninos em disputas de jogos com bola. Também, segundo a mesma autora, é comum meninos que apresentam menos habilidades que os demais colegas serem deixados de lado ou levados a jogar com as meninas. O fato de algum menino apresentar desempenho inferior ao de meninas pode significar motivo de gozação e de discriminação.

Pesquisadores do tema defendem que a influência do professor-mediador é fundamental para o fim das discriminações de gênero nas escolas, porém relatos de professores demonstram preferirem as aulas que separam meninos de meninas (Altmann; Ayoub; Amaral, 2011). Mesmo em casos em que a ação partitiva parte dos alunos, o professor deve intervir para que a segregação não ocorra.

As aulas de Educação Física podem auxiliar na desconstrução de estereótipos ou de práticas segregativas entre meninos e meninas, mas podem também agravar tais ações, dependo de como o docente irá reger as aulas, tal participação não efetiva acaba ocasionando desigualdades de gênero e sexualidade (Altmann; Ayoub; Amaral, 2011).

Sabatel *et al.* (2016) constataram em pesquisa que metade das(os) professoras(es) não observavam atentamente as questões de gênero no momento do planejamento das aulas. Muitos professores defendiam a segregação por gênero nas aulas, ao reforçarem discursos que evidenciavam expectativas distintas em torno do resultado de suas ações. Os autores afirmam que:

> [...] por mais que as(os) professoras(es) de sua pesquisa considerassem importante a coeducação, eles ainda empregavam discursos sexistas que deixavam transparecer preconceitos de gênero. [...] Na concepção de muitas (os) professoras (es), a segregação melhora a qualidade e aproveitamento das aulas de Educação Física, já que culturalmente os meninos são tidos como mais habilidosos e fortes nas práticas esportivas e jogos coletivos. As meninas, por sua vez, são consideradas mais frágeis, além de não gostarem de suar ou realizar exercícios que exijam maior esforço físico (Sabatel *et al.*, 2016, p. 3).

Silva (2014) também observou em pesquisa de campo que das opiniões dadas pelos alunos durante aulas e a entrevista feita com os professores regentes, estes trazem atividades diferenciadas, ou seja, não procuram somente esportes do cotidiano, mas buscam novidades para que os alunos possam jogar juntos e entender que a Educação Física não envolve somente bola, e sim alternativas que trabalhem a psicomotricidade, lateralidade, e que promovam saúde e capacidade física por meio da prática de exercícios e atividades corporais. Essa visão já expressa uma mudança de paradigma de professores de Educação Física. Mas nem sempre esse cenário é encontrado nas escolas e as atividades algumas vezes se apresentam monótonas e repetitivas. Vale salientar que o papel do professor é fundamental para que alcancemos um bom resultado, a fim de que a Educação Física consiga integrar o aluno na cultura corporal de movimento, formando o cidadão que vai produzi-la, reproduzi-la e transformá-la, capacitando-o para usufruir os jogos, os esportes, as danças, as lutas, dentre outras atividades.

A qualidade do docente, segundo Nascimento (2016), é o fator determinante para desconstruir o sexismo social. Sendo assim, a ação segregadora não pode partir nunca do professor, pois ele é a chave para impedir que tal ação ocorra. O autor defende que é incoerente formar um aluno preconceituoso e sexista, que sairá da sala de aula de encontro com os diferentes paradigmas sociais encontrados atualmente, desejoso de que ele saiba lidar com o nível de variação de pessoas, pensamentos e ideologias que a atualidade traz para as pessoas no século XXI. Nascimento (2016) afirma que ficou evidente, em sua pesquisa na bibliografia da área, que há segregação por sexo/gênero nas aulas de EF. Entretanto, os esforços para investigar de onde tal ação partitiva é originada não foram contemplados pelos artigos. Dessa forma, podemos entender que se faz necessária a realização de mais pesquisas na área, que busquem enfrentar questões de gênero, mesmo em contextos que aparentemente já funcionam de forma "correta", visto que muitas questões importantes já estão arraigadas e naturalizadas no pensamento coletivo, não sendo problematizadas.

Por fim, concordando com Landim (2003 *apud* Chicon, 2013), uma proposta para a Educação Física deverá respeitar a diversidade humana em suas diversas facetas: gênero, biótipo, cor, raça, deficiência, etnia, sexualidade, dentre outros aspectos, respeitando-se as diferenças individuais como fator de enriquecimento cultural. Somente por esse caminho será possível ver todos os alunos com maior oportunidade de aprendizagem e maior interação com o meio em que vivem e uma convivência enriquecedora e feliz com outros alunos e a comunidade escolar.

CONSIDERAÇÕES FINAIS

Chegamos ao fim deste trabalho com algumas ressalvas, mais do que conclusão ou conclusões. A Educação Física escolar é fundamental para o desenvolvimento do indivíduo social, agente transformador de sua realidade e construtor de sua história e dos demais. Como disciplina, se apresenta como uma ferramenta de autoconhecimento, desenvolvimento de habilidades e de socialização. Entretanto, não de forma isolada, reflete o espelho da sociedade, com seus processos de desigualdade, de discriminação, estereótipos, exclusão, dentre outros aspectos importantes para entendermos a relação entre educação física e gênero, e destes com a prática docente exercida nas escolas.

Não podemos generalizar todas as práticas como sendo reflexo de comodismo e desmotivação, ou como uma aceitação, até não pensada, daquilo que seja imposição externa e alheia ao ambiente escolar. A revisão bibliográfica propiciou isso, a certeza de que existem mudanças em curso, pesquisas que debatem o tema, profissionais que lutam e acreditam que possamos usufruir e oferecer de uma Educação Física mais produtiva e com equidade, livre de pré-conceitos e preconceitos – uma Educação Física reflexiva e crítica.

O cenário histórico, social e cultural delineado nos levou à conclusão de que para entendermos a prática docente precisamos olhar de forma macro, integrada, não isolada, para o contexto no qual a escola, o aluno e o professor estão inseridos. Dentro dessa perspectiva, o recorte metodológico que buscou a partir das questões de gênero e da sua problematização foi fundamental.

As práticas excludentes e segregacionistas estão presentes nas escolas na atualidade, fundamentalmente por uma herança cultural e social, e só são perpetuadas quando não pensadas ou não refletidas, como se naturais fossem. Apesar de profissionais perceberem, viverem essa realidade, evitam na prática enfrentá-las por razões não levantadas, mas percebidas pelo saber empírico acumulado, e que passam por desmotivação, desinteresse, imposições, por não construírem um currículo diferenciado, que respeite a realidade cultural do aluno, dentre outros fatores.

As questões de gênero balizaram e determinaram a prática docente ao longo de décadas, tanto na execução de aulas como na programação de atividades segregadas, mas também, na contramão disso tudo, movimentos buscaram, a partir das aulas mistas, uma integração, o fim da exclusão e a execução de atividades coeducativas.

A exclusão passa por questões mais profundas relacionadas às suas potenciais consequências danosas, ou seja, com a exclusão de certas práticas e modalidades esportivas, meninos e meninas não conseguem usufruir dos benefícios que determinadas atividades proporcionam, como coordenação motora, questão espacial, socialização, participação, conhecimento do corpo etc. (um exemplo é a dança mais comumente praticada entre meninas e que claramente traz benefícios bem peculiares).

Podemos concluir que as aulas mistas não propiciaram somente pontos positivos, mas também demonstraram, sob o olhar de pesquisas na área, que ainda questões de gênero terão e devem ser enfrentadas, como apontado por autores da área, ao longo de todo o trabalho.

Atividades pensadas de forma a separar meninos e meninas, muitas vezes, ainda são o caminho escolhido por professores, mas também pelos próprios alunos, e o debate em torno dessa questão é um ganho para a área, visto que ações coeducativas, trabalhos lúdicos, dentre outras ações, são cada vez mais incentivados.

Na contramão da exclusão, a inclusão é apresentada como a principal solução. Esses dois conceitos – exclusão/inclusão são apresentados como pares que sempre andarão juntos, como uma dicotomia que deve ser trabalhada para que uma se sobreponha a outra, diminuindo o preconceito, a segregação, aumentando a participação e os benefícios de um processo de ensino-aprendizagem positivo, benéfico e eficaz.

O diálogo, importante em todos os espaços de convívio social, mais uma vez, se apresenta como uma solução para a mudança de realidades. É preciso criar um espaço escolar aberto ao diálogo, desde a direção até aos alunos e pais. Todos os profissionais envolvidos na vida escolar do aluno podem fazer parte. O esporte em si é um dos principais agregadores que existem no mundo, capaz de unir diferentes povos, nações, grupos, indivíduos – um importante e poderoso instrumento para o combate à exclusão.

REFERÊNCIAS

ALTMANN, H; AYOUB, E; AMARAL, S. C. F. Educação Física Escolar e Igualdade de Gênero: Um Estudo Transcultural – Primeiras Aproximações. *In*: CONGRESSO BRASILEIRO DE CIÊNCIAS DO ESPORTE, 16.; CONGRESSO INTERNACIONAL DE CIÊNCIAS DO ESPORTE, 3., 2009, Salvador. **Anais** [...]. Salvador: Conbrace: Conice, 2009.

ALTMANN, H.; AYOUB, E.; AMARAL, S. C. F. Gênero na prática docente em Educação Física: "meninas não gostam de suar, meninos são habilidosos ao jogar"? **Estudos Feministas**, Florianópolis, v. 19, n. 2, p. 491- 501, maio/ago.2011.

ALTMANN, H. **Educação Física Escolar**: relações de gênero em jogo. São Paulo: Cortez, 2018.

ARANTES A. C. Cronograma sobre o atendimento dado às crianças. Pequeno cronograma sobre o processo de escolarização no Brasil: incluindo-se a Educação Física escolar. **Revista Digital**, Buenos Aires, Ano 13, n° 124, 2008. Disponível em: https://www.efdeportes.com/efd124/a-historia-da-educacao-fisica-escolar-no-brasil.htm.

AYOUB, E. Reflexões sobre a Educação Física na educação infantil. **Revista Paulista de Educação Física**, São Paulo, supl. 4, p. 53-60, 2001.

BARBOSA, C. M.G.; NUNES, M.L.F. A prática pedagógica de um currículo cultural da Educação Física. **Rev. Est.Pesq.**, Juiz de Fora, v.16, n.1, jan./jun. 2014.

BUONOCORE, J. C. Entenda as relações de Gênero e Identidade de gênero. **Psicologia do Brasil Home**, 2017. Disponível em: http:www.psicologiasdobrasil.com.br. Acesso em: 4 dez. 2021.

CASTELLANI FILHO, L. **Educação Física no Brasil:** a história que não se conta. 6. ed. São Paulo: Papirus, 2001. 224 p. (Coleção Corpo e Motricidade).

CASTELLANI FILHO, L. **Política educacional e educação física.** Campinas: Autores Associados, 1998.

CAVALCANTE, F. R.; BUGGENSTAB, G. C.; LAZAROTTI FILHO, A. Rui Barbosa e a educação física nos pareceres para o ensino primário de 1883: influências e proposições. **Revista Movimento,** v. 26, e26078, 2020. Disponível em: https://doi.org/10.22456/1982-8918.104923.

CHICON, J. F. Inclusão e Exclusão no contexto da Educação Física Escolar. *In:* CHICON. J.F; RODRIGUES, G.M. (org.). **Educação Física e os desafios da inclusão.** Vitória: Edufes, 2013.

CORREIA, M. M. **Representações de Gênero na Licenciatura em Educação Física.** 2008. Dissertação (Mestrado em Ciências da Atividade Física) – Universidade Salgado de Oliveira, Niterói, 2008.

CRUZ, M.M.S.; PALMEIRA, F.C.C. Construção de Identidade de Gênero na Educação Física Escolar. **Motriz,** Rio Claro, v. 15 n.1, p. 116-131, jan./mar. 2009.

DEVIDE, F. P. *et al.* Estudos de Gênero na Educação Física Brasileira. **Motriz,** Rio Claro, v. 17, n.1 p. 93-10, jan./mar. 2011.

FERREIRA, A. B. de H. **Novo Dicionário Aurélio da Língua Portuguesa.** 2. ed., 18. impr. Rio de Janeiro: Nova Fronteira, 1986.

GOELLNER, S. V. A Educação Física e a construção do corpo da mulher: imagens de feminilidade. **Motrivivência,** 16 (2001): Educação Física, Corpo e Sociedade – II. Disponível em: https://periodicos.ufsc.br/index.php/motrivivencia/article/view/4966. Acesso em: 3 jan. 2022.

GOELLNER, S. V. "Gênero". *In:* GONZÁLEZ, F. J.; FENSTERSEIFER, P. E. **Dicionário crítico de Educação Física.** Ijuí: Unijuí, 2005b. p. 207-209.

GOIS JUNIOR. E. Movimento higienista e o processo civilizador: apontamentos metodológicos. *In:* SIMPÓSIO INTERNACIONAL PROCESSO CIVILIZADOR, 10., 2007, Campinas, SP. **Anais** [...]. Campinas: Unicamp, 2007.

GUERRA, L. A. Cultura. **Revista Online Cultura** – Antropologia e Sociologia – InfoEscola. Disponível em: http: www.infoescola.com.br. Acesso em: 23 ago. 2020.

LIMA, M. E. de. A Educação Física Escolar colonizada pelas objetivações de currículos não críticas e as alternativas para que as vozes e as gestualidades subjugadas possam ser reconhecidas. *In*: CONGRESSO INTERNACIONAL EM ESTUDOS CULTURAIS, 4., 2014, São Paulo. **Anais** [...]. São Paulo: USP, 2014.

LIMA, M. E. de. **Entre fios, "nós" e entrelaçamentos**: a arte de tecer o currículo cultural de educação física. Tese de Doutorado em Educação apresentada à Universidade de São Paulo - USP, São Paulo, 2015.

LIMA, R. R. História da Educação Física: algumas pontuações. **Rev. Eletrônica Pesquiseduca**, Santos, v. 7, n. 13, p. 246-257, jan./jun. 2015.

LOURO, G. L. **Gênero, sexualidade e educação**: uma perspectiva pós-estruturalista. 9. ed. Petrópolis: Vozes, 1997.

LOURO, G. L. **Gênero, sexualidade e educação**: uma perspectiva pós-estruturalista. Petrópolis: Vozes, 2011.

LOURO, G. L. Projeto História: **Revista Do Programa De Estudos Pós-Graduados De História,** 11. 2012. Disponível em: https://revistas.pucsp.br/index.php/revph/article/view/11412. Acesso em: 13 nov. 2021.

LUZ JÚNIOR, A. A. Gênero e Educação Física: algumas reflexões acerca do que dizem as pesquisas das décadas 80 e 90. **Motrivivência**, 2003. n. 15 (2000): Educação Física, Corpo e Sociedade – I. Disponível em: www.periodicos.ufsc.br. Acesso em: 5 nov. 2021.

MARCONI, M. A.; LAKATOS, E. M. **Fundamentos de Metodologia Científica.** 5. ed. São Paulo: Atlas, 2003.

MARINHO, I. P. **História da Educação Física no Brasil.** São Paulo: Editora Cia Brasil, 1943.

MEDEIROS, L.; MORAES, I. **Gênero**: você entende o que significa? 2015. Disponível em: http://www.politize.com.br. Acesso em: 1 nov. 2020.

MELLO, L.M.P.S. **Gênero e suas implicações no desempenho psicomotor e desempenho escolar entre meninos e meninas do 1º ciclo do ensino fundamental.** 2001. 180f. Dissertação (Mestrado em Ciência da Motricidade Humana) – Universidade Castelo Branco, Rio de Janeiro, 2001.

MINAYO, M. C. de S. Análise qualitativa: teoria, passos e fidedignidade. **Ciênc. saúde coletiva** [on-line], v. 17, n. 3, 2012.

MINAYO, M. C. de S. (org.). **Pesquisa social**: teoria, método e criatividade. Petrópolis: Vozes, 2001.

MIRAGAYA, A. **As mulheres nos Jogos Olímpicos**: participação e inclusão social. Rio de Janeiro: Gama Filho, 2002.

MORGADO, A. de S. **A importância do desenvolvimento psicomotor da criança de 0 a 6 anos**. São Paulo: PUC, 2007.

MOURA, D. L.; MOURÃO, L. A produção histórica do conhecimento sobre gênero e educação física escolar nos cursos de pós-graduação em educação e educação física. **CONGRESSO NACIONAL DE HISTÓRIA DO ESPORTE, LAZER E EDUCAÇÃO FÍSICA E DANÇA**, 10, Curitiba, 2006.

MOURÃO, L. Representação social da mulher brasileira nas atividades físico-desportivas: da segregação à democratização. **Movimento**, ano VII, n. 13, 2000/2.

NASCIMENTO, F. M. **Educação física escolar e segregação de gênero**. Monografia (Licenciatura em Educação Física) – Universidade de Brasília, Brasília, 2016.

NEIRA, M. **Educação Física**. São Paulo: Blucher, 2011.

NEIRA, M.; NUNES, M. **Pedagogia da cultura corporal**: crítica e alternativas. São Paulo: Phorte, 2006.

NEIRA, M.; NUNES, M. **Educação Física, currículo e cultura**. São Paulo: Phorte, 2009.

SABATEL, G.M.G; ALVES, S. de S.; FRANCISCO, M.V.; LIMA, M.R.C. Gênero e sexualidade na Educação Física escolar: um balanço da produção de artigos científicos no período de 2004 a 2014 nas bases do Lilacs e Scielo. **Pensar a Prática**, Goiânia, v. 19, n. 1, jan./mar. 2016. Disponível em: https://revistas.ufg.br/fef/article/view/34159/pdf. Acesso em: 13 jan. 2022.

SANTOS, José Luiz dos. **O que é cultura**. 16. ed. São Paulo: Brasiliense, 2006.

SILVA, P; GOMES, P B; GOELLNER, S. As reações de gênero no espaço da Educação Física – a percepção de alunos e alunas. **Rev. Port Cien Desp.**, p. 396-405, 2003.

SILVA, O. P. **Gênero e Educação Física**: um relato sobre as práticas corporais entre meninos e meninas em uma escola municipal da Cidade de Tangara da Serra – MT. Monografia (Licenciatura em Educação Física) – Universidade de Brasília, Brasília, 2014.

SOUZA JUNIOR, M. A história da Educação Física escolar no Brasil: refletindo sua inserção como componente curricular". *In*: NÓBREGA, Terezinha Petrúcia (org.). **Livro didático 3**. Natal: Paideia, 2009.

SOUZA FILHO, M. de. A Educação Física como componente curricular: trajetória histórica e possibilidades atuais no Ensino Médio. **Revista Digital EFDesportes,** ano 15, n. 150, 2010. Disponível em: http:// www.efdesportes.com. Acesso em: 20 dez. 2021.

SOUZA, E. S. de; ALTMANN, H. Meninos e meninas: expectativas corporais e implicações na Educação Física Escolar. **Cadernos Cedes**, Campinas, ano XIX, v. 48, p. 52-68, 1999.

Precisamos ter a noção de que Estado laico não quer dizer um Estado sem religiões ou mesmo um Estado ateu. *O objetivo da laicização do Estado é a proteção à diversidade de crenças, amparada legalmente no direito à liberdade religiosa.*

(Renato Collyer)

LAICIDADE NA EDUCAÇÃO INFANTIL: ATÉ ONDE É POSSÍVEL?

Edinaide Gomes Pimentel

INTRODUÇÃO

A partir dos anos 90, intensificou-se a discussão sobre a inclusão no Brasil. Nesse sentido, vem se travando com maior ênfase a discussão com relação ao respeito às classes sociais, as raças, as opções sexuais e as religiões de cada um.

Tendo como base a diversidade cultural e social, bem como as etnias existentes em nossa nação, tendo como parâmetro a educação oferecida nas escolas básicas, precisamos trabalhar a inclusão de modo amplo, desde o início da educação infantil até o ensino superior. Para tanto, faz-se necessária uma educação laica e de qualidade, onde não exista preconceito de raça, de classe, de níveis sociais, de necessidades especiais ou religião, uma vez que esses direitos são garantidos pela Constituição Brasileira.

A questão não está em proibir a escola de discutir esses pontos, mas respeitar os direitos de cada um dentro da sua amplitude, sem ocasionar tendências, para uma ou outra parte. Entendendo respeito como neutralidade naquilo que será passado para os espectadores na educação. Por essa razão, a pesquisa presente buscou apresentar o estudo de caso de creches públicas municipais localizadas no bairro do Caju, no município do Rio de Janeiro.

Partindo do pressuposto de que a educação infantil é de 0 a 6 anos de idade e é ministrada por profissionais que, como sujeitos, são cidadãos comuns, que também apresentam suas opções no que diz respeito às suas crenças, à orientação sexual e às questões raciais. Estes profissionais trabalham com crianças que, em geral, ainda não possuem definido o seu pensamento e a sua forma de atuação com relação a tais questões.

Dessa forma, buscou-se, pela revisão bibliográfica e visita às creches e entrevista com os profissionais, respostas para o dilema que está difuso nas escolas. Nesse caso, as pesquisas etnográfica e descritiva foram os métodos mais indicados e empregados, levando às reflexões acerca das práticas e das diretrizes das instituições investigadas.

ESTADO E IGREJA

A separação entre estado e igreja foi estabelecida para que não houvesse laços e influências entre o estado e a religião. Nesse sentido esperava-se que essa determinação impedisse de haver um aparelhamento das instituições políticas, de modo que não fossem usadas as verbas públicas para quaisquer que fossem as religiões. Essas medidas visavam e visam resguardar o Estado.

A laicidade separa o estado e a religião, enquanto a secularidade está relacionada às questões da sociedade quando há nela o importante declínio nas práticas religiosas. No entanto, esse episódio ocorre sem a intervenção do estado.

A liberdade religiosa é algo individual em que as pessoas optam por seguir a religião que assim desejarem e possuem a liberdade para a prática da mesma. A Dinamarca e o Reino Unido são exemplos de estados que possuem uma religião oficial, mas também liberdade religiosa, o que significa dizer que ninguém está impedido de ter a sua própria religião.

A Constituição Brasileira define o Brasil como um Estado laico de direitos. O artigo 19 trata da laicidade e vem sendo questionado por algumas práticas, como, por exemplo, o fato de a Constituição de 1988 citar Deus no seu preâmbulo e a existência de símbolos religiosos em várias repartições públicas, como o "Seja louvado" que foi registrado nas notas de um real.

Essas questões vêm desencadeando alguns debates na sociedade brasileira, em que essas práticas visam privilegiar uma religião em detrimento de outras. Nesse sentido, esses atos trazem intervenções, como, por exemplo, do Tribunal de Justiça do Rio Grande do Sul, que em 2012 determinou a retirada dos crucifixos dos prédios da justiça e edifícios públicos, porém o Conselho Nacional de Justiça, posteriormente, interveio afirmando que esses símbolos presentes nos espaços públicos não ferem a laicidade do Estado, o que gerou um grande debate em nossa sociedade em que não há consenso (Revista Consultor Jurídico, 2012).

A Constituição de 1989 determinava que as escolas públicas deveriam oferecer a disciplina de Ensino Religioso de modo laico, difundindo o conhecimento de todas as religiões, sem tomar partido ou privilegiar nenhuma em específico. A nova lei, aprovada em 2017, defende com funcionalismo onde serão trabalhadas as religiões específicas. A disciplina religiosa não será obrigatória, mas ela será ministrada no horário da aula. No estado do

Rio de Janeiro foram feitos concursos públicos para os profissionais minis-trarem as aulas de religião, mas, a princípio, elas não chegaram a acontecer plenamente; há raríssimas exceções. Há no Estado a oferta de disciplinas, mas a frequência é de modo facultativo, o que causa o esvaziamento ou a frequência em número muito reduzido.

Estado laico e o Brasil

O Brasil em sua formação não era laico. Somente se tornou laico no ano de 1824, com a promulgação da Constituição do império por Dom Pedro I, em nome da Santíssima Trindade. Até então a religião oficial do país era o catolicismo. As demais religiões não eram proibidas, mas havia limite para que elas pudessem atuar. Essas religiões eram toleradas desde que não se manifestassem em cultos públicos. Suas reuniões deveriam acontecer de forma silenciosa, sem divulgação ou construção de um templo. As manifestações espirituais das religiões de raiz afro eram consideradas uma afronta e desobediência à Igreja Romana, enquanto o clero era con-tratado pelo governo e remunerado como se fossem funcionários públicos. Já profissionais que davam aula nas instituições públicas faziam obrigato-riamente um juramento de fidelidade à religião oficial católica, que era a parte integrante do currículo educacional obrigatório.

A igreja católica regulamentava a conduta da família e a levava a viver de acordo com a sua doutrina. No campo da família eram considerados como filhos legítimos apenas aqueles que eram gerados em matrimônios realiza-dos pela Igreja Católica Apostólica Romana. Os demais eram considerados filhos bastardos, uma vez que estavam fora dos mandamentos e sacramentos da igreja. O Código Penal, por sua vez, proibiu a divulgação de doutrinas contrárias àquilo que eles consideravam como verdade fundamental da existência de Deus e da imortalidade da alma. Apenas os católicos tinham preservado o direito de ser sepultados nos cemitérios públicos. Os demais tinham que fingir ser católicos ou pagavam aos cemitérios particulares, como os dos ingleses protestantes, no Rio de Janeiro.

Embora tenha sido aprovado o divórcio no ano de 1977, ele se refere apenas aos casamentos civis até a presente data. A Igreja Católica Apostólica Romana não permite que os divorciados se casem novamente em suas insti-tuições. Também não podem participar dos sacramentos da igreja. Durante anos o Brasil viveu em harmonia com a Igreja católica ministrando o Ensino

Religioso com base nos dogmas e na visão do ensino romano. Historicamente, uma das funções da fé católica era catequizar os escravos para a costa.

O Ensino Religioso faz parte do contexto educacional brasileiro desde a colonização e durante anos foi um dos pilares que norteiam a base de sustentação para a educação no país em conjunto com as escolas, a sociedade política e a economia. O objetivo inicial de nossos colonizadores portugueses era incutir pensamentos próprios da visão europeia nas pessoas. Os jesuítas chegaram ao Brasil em 1549, em caravana liderada por Manoel da Nóbrega, que chegou ao Brasil junto com Tomé de Souza, que foi o primeiro governador-geral enviado ao Brasil por Portugal. Os jesuítas foram direcionados à terra colonizada com o objetivo de catequizar e evangelizar os índios, tornando-os cristãos, uma vez que sua conduta moral era considerada inapropriada para os católicos, principalmente no que dizia respeito a sua crença, cultura e as suas vestes.

Segundo Andrade (2018) a forte influência dos positivistas e dos militares fez emergir uma nova realidade educacional. Conforme o autor, essa nova realidade surgiu com a laicização do ensino brasileiro, que se consolidou com a Constituição de 1891, a qual oficializou a proibição dos cultos religiosos pelo Estado que perdurou até a Constituição de 1934, quando a Igreja católica reuniu esforços para trazer novamente o Ensino Religioso para o currículo escolar.

Conceito de laicidade no Brasil

Independentemente da predominância de alguma religião, o Brasil é constitucionalmente um Estado laico, ou seja, deve adotar uma posição neutra no campo religioso. A laicidade é uma singularidade dos Estados não confessionais que assegura a separação entre o Estado e a Igreja, garantindo a proteção da crença e das liberdades religiosas. O laicismo, por sua vez, compartilha da primeira característica da laicidade, pois também prega a separação entre o Estado e a Igreja.

As escolas hoje trabalham com liberdade laica, liberdade de consciência, liberdade de crença e liberdade de expressão. Conforme a Constituição, as escolas devem ser laicas e essa liberdade que será aplicada dentro das escolas deverá ser exercida de acordo com as normas estabelecidas nas leis brasileiras.

Porque o estado é laico, a Ordem dos Advogados do Brasil (OAB) mantém uma comissão de direitos da liberdade religiosa, para garantir os princípios da Constituição. O Brasil durante muitos anos se definiu como país católico, mas ao longo dos anos as pessoas que pertenciam a outras religiões começaram a se posicionar em seus pertencimentos religiosos. Alguns como os evangélicos, que continuam a crescer em grande escala no país. Atualmente, os evangélicos somam 22,2% da população brasileira, segundo dados do censo de 2022 (IBGE, 2023). E a partir dos anos 1980, com o crescimento do Movimento Negro Unificado (MNU), as religiões de matrizes africanas despontaram no Brasil.

No primeiro mandato do governo de Luiz Inácio Lula da Silva, o Brasil assinou uma concordata com o Vaticano, um documento internacional no qual o artigo 11 afirma que o Ensino Religioso católico será implementado nas escolas. No entanto, o Supremo Tribunal Federal (STF) entendeu que não é possível que o Ensino Religioso seja ministrado nas escolas dentro dessa perspectiva, porque existem pessoas sem religião e de outras várias religiões. A preocupação é que isso venha ferir o princípio individual de cada aluno com relação ao pensamento de cada indivíduo e a sua opção religiosa. Até porque o Brasil é considerado como um estado laico e para o STF isso tornaria o país um Estado confessional ou pluriconfessional. O entendimento do Ministério Público é que o Ensino Religioso deve acontecer dentro de uma perspectiva histórica ou filosófica, relatando a historicidade de cada princípio religioso.

Outra questão vem sendo refletida no estado do Rio de Janeiro, por ser este um estado que em sua legislação propõe ensino confessional com viés evangélico. O Ministério Público questiona o fato de que essa prática pode vir a afetar a fé daqueles que possuem religião de matriz africana.

A Lei de Diretrizes e Bases (LDB) no artigo 33 define como deve ser o Ensino Religioso nas escolas públicas, ou seja, uma construção conjunta entre o estado e instituição religiosa. Conforme o referido artigo:

> O ensino religioso, de matrícula facultativa, é parte integrante da formação básica do cidadão e constitui disciplina dos horários normais das escolas públicas de ensino fundamental, assegurado o respeito à diversidade cultural religiosa do Brasil, vedadas quaisquer formas de proselitismo (Brasil, 1996).

De acordo com Túlio Vianna, professor, escritor e advogado, existem violações ao Estado laico e ele cita como uma das primeiras violações a existência da bancada evangélica, que é incompatível com esse Estado. Vianna (2010) observa que a bancada evangélica defende somente o interesse dos evangélicos. O autor cita o Regimento Interno da Câmara dos

Deputados, n.º 17, de 1989, que prevê que durante as sessões deve haver uma Bíblia sobre a mesa para quem desejar consultá-la durante os trabalhos e na abertura destes deve ser feita a leitura ou a citação de uma frase que fala sobre a proteção de Deus. Para Vianna, isso fere os princípios de quem não professa a fé em Deus.

Outra questão citada pelo autor é a propaganda política nas igrejas feita pelos pastores que são candidatos e que durante a campanha eleitoral, inclusive no segundo turno, continuam a cumprir com as funções religiosas. Ele compara a função pastoral com a de um servidor público, que necessita abrir mão de suas funções para ser eleito. Em geral, quando o pastor se candidata, continua exercendo as suas funções nas igrejas e isso precisa ser revisto.

Vianna também questiona o uso dos espaços públicos dos prédios como local onde possam ser realizados cultos ou missas. Em sua visão, esse espaço não pode ser utilizado para tal prática, uma vez que as contas de luz, água e aluguel, por exemplo, são pagas com verba pública. Outra questão é a frase "Deus seja louvado" na cédula de R$20,00, uma vez que essa visão não é uma visão da totalidade da população. O autor questiona também a presença dos crucifixos nos tribunais de justiça porque pessoas de diferente fé são julgadas nos mesmos tribunais. Para Viana (2010), seria a mesma coisa de se colocar uma frase de uma outra propaganda, como, por exemplo, "beba Coca-Cola" em um tribunal. Do mesmo modo ele questiona a citação da Bíblia nas sentenças. E a restrição de direitos com base na Bíblia, como o casamento homossexual, o aborto. Para Túlio, são leis pautadas em fé que nem sempre são pertinentes à vida de todos na sociedade.

Para o escritor Thiago Rafael Vieira, advogado e Presidente do Instituto Brasileiro de Direito à Religião, e que também é pesquisador e escritor de vários livros que tratam da liberdade religiosa, os mandamentos da Bíblia são valores morais existentes na sociedade, e, se forem retirados da sociedade, sobrará apenas o relativismo. O relativismo é sempre a lei do mais forte, e se o mais forte decide, o mais fraco será sempre oprimido. Isso acabará com a civilização, segundo ele, onde há civilização, há cultura e, onde há cultura, precisa haver religião. Ele afirma ainda que o direito natural é algo que é intrínseco ao ser humano e o direito à religião é algo que antecede ao Estado.

Portanto, o Estado deverá proteger o direito do cidadão de manter a sua liberdade de expressão religiosa. Um direito que nasce no coração, passa pela razão e se torna ação. No entanto, é primordial que o estado mantenha a neutralidade, embora tenha que implementar a proteção e a garantia do direito ao cidadão de exercer a sua crença.

Thiago Vieira afirma que na França há uma lei que controla a fé religiosa, apoiada na ideia de que a fé não pode ser provada; logo, expressa uma necessidade de retirar a religião dos espaços públicos. Por isso, não se pode usar nenhum símbolo religioso nas ruas. Conforme o autor relata, ocorre o laicismo, movimento ideológico que tem como objetivo manter a fé no espaço privado. Somente é permitido manifestar a fé dentro de casa. Isso ocorreu na China, onde a religião se submete ao Estado e este é que determina sobre religião, e não os líderes religiosos. Inclusive o partido chinês reescreveu um exemplar da Bíblia em que os valores que estão presentes nos registros são os valores do próprio partido (Oliveira, 2023).

Para fugir do controle do Estado, os fiéis precisam se esconder em igrejas subterrâneas. Enquanto os Estados Unidos respaldam seus princípios na ideia de John Locke, que diz: "a criatura é adotada pelo seu criador, liberdade máxima para o ser humano". No entanto, para o autor, essa liberdade tem que ser criteriosa para que o indivíduo não se torne autossuficiente e se esqueça da dependência da fé (Oliveira, 2023).

No Brasil, a educação religiosa foi votada no STF, obtendo vitória na contagem de votos por 6 a 5, aprovando o ensino da educação religiosa para ser ministrado nas escolas públicas. O STF afirma que o Estado não deve ministrar religião porque, se isso acontecer, ele estará interferindo na laicidade. Para o senhor Alexandre de Moraes, atual ministro do STF, a religião deve ser ministrada por mestres específicos de cada fé, uma vez que as religiões são dogmas e cada um possui o seu, sendo facultativa a matrícula nas disciplinas, e assim tem sido.

LAICIDADE NA PRÁTICA

Embora, desde a colonização, a Igreja católica venha administrando o campo religioso oficialmente no país, as demais religiões vêm ganhando espaço ao longo do tempo. Esse domínio por parte da Igreja católica se deve a nossa história desde a colonização e essas raízes na cultura permanecem firmes. São 65% de brasileiros que se declararam católicos romanos, segundo o último censo demográfico (IBGE, 2023).

Universidades públicas, como a Universidade Federal Fluminense e a Universidade Estadual do Rio de Janeiro, vêm discutindo questões que envolvem religião e preconceito racial. O Programa de Educação sobre o Negro na Sociedade Brasileira (Penesb) é um dos órgãos responsáveis por orientar e discutir as questões concernentes ao preconceito racial e as religiões de matrizes africanas na UFF e vem ministrando as disciplinas e qualificações em especialização para pesquisadores acerca das questões de preconceito racial e a inclusão. Nesse sentido, vem ganhando força o crescimento da pluralidade religiosa no Brasil. Uma onda de incentivo tornou-se permanente no país com relação ao uso dos cabelos naturais por parte dos pretos, e o fato de assumirem suas origens e religiões de matrizes africanas como religião oficial dos negros. Isso fez com que o acirramento da luta contra o preconceito racial e social em nosso país também viesse a despontar.

Uma conquista na luta contra o preconceito racial e a discriminação é o fato de existirem políticas públicas, atualmente, para correção e punição de tais atos. Um grande avanço foi tornar o preconceito racial e a discriminação religiosa um crime inafiançável. Há ainda muito a se fazer no combate à intolerância religiosa, uma vez que crimes vêm sendo cometidos em nome da salvação, muitos anos após a colonização brasileira.

Outra forma de inquisição é a condenação de pessoas que possuem os seus terreiros de umbanda ou de candomblé em funcionamento. Conforme nota do jornal *Extra*, em 4 de novembro de 2016, o terreiro de candomblé Casa de Oxossi, localizado na Estrada Rio-Bahia, em Teresópolis, na Região Serrana do Rio de Janeiro, foi alvo de um ataque na madrugada. O local foi depredado e incendiado. Dirigentes acreditam que o crime tenha sido motivado por intolerância religiosa. A mãe de santo Luiza Helena Medeiros, conhecida como Mãe Luiza de Obá, conta que recebeu a notícia sobre o incidente logo pela manhã, de uma frequentadora do centro espírita:

> — Eu fiquei sabendo através de uma filha, que recebeu uma mensagem pelo WhatsApp avisando sobre um barracão destruído na Rio-Bahia. Ela me falou que havia passado por lá e não havia visto nada. Porque a frente não foi danificada. Quando eu cheguei, vi o portão sem cadeado e a vizinha me avisou. Ela que havia chamado os bombeiros por volta de 5h — relatou a mãe de santo (Jornal Extra, 2016).

Outra situação ocorreu em Sobradinho, município baiano, conforme o relato da reportagem a seguir. Na época, o Ministério Público denunciou cinco pessoas por preconceito contra a religião praticada no local. Os criminosos teriam arrombado portas e janelas para invadir e atear fogo no centro espírita, motivo pelo qual foi solicitada a condenação dos mesmos pelos crimes de racismo e incêndio. Na sentença, o juiz explicou que,

SER PROFESSOR: CONTEXTOS, DESAFIOS E PERSPECTIVAS DA PRÁTICA DOCENTE

quanto ao crime de racismo, a materialidade não foi comprovada, já que não havia provas contra os acusados. Sobre o crime de incêndio, o magistrado argumentou que a autoria foi comprovada pela confissão de dois dos acusados. Quanto aos outros envolvidos, não há provas suficientes para as duas condenações. O crime aconteceu em 29 de janeiro, quando cinco pessoas, vizinhos do Centro Espírita, em Sobradinho II, invadiram o local e atearam fogo. A motivação dos acusados seria o preconceito religioso, visto que costumavam afirmar que a religião espírita não era de Deus e seria "coisa do demônio", além de participarem de diversos episódios nos quais atrapalhavam as reuniões do grupo e ameaçavam os frequentadores do centro. O Centro Espírita Auta de Souza atua no local desde a década de 1970 e realiza diversas obras assistenciais.

Após a conclusão das investigações, o Núcleo de Enfrentamento à Discriminação (NED) e do Ministério Público do Distrito Federal e Territórios (MPDFT), verificou a prática do crime de intolerância religiosa, previsto no artigo 208 do Decreto-Lei n.º 2.848, de 7 de dezembro de 1940 (Brasil, 1940).

> **Art. 208** - Escarnecer de alguém publicamente, por motivo de crença ou função religiosa; impedir ou perturbar cerimônia ou prática de culto religioso; vilipendiar publicamente ato ou objeto de culto religioso:
>
> Pena - detenção, de um mês a um ano, ou multa.
>
> **Parágrafo único** - Se há emprego de violência, a pena é aumentada de um terço, sem prejuízo da correspondente à violência (Brasil, 1940).

A herança cultural e histórica de administração da igreja romana deixou entre muitos a demonização da fé do outro. Muitas pessoas no campo evangélico ainda acreditam que a sua religião é a única correta e por isso entendem que ao destruir os templos espíritas estão salvando as pessoas do mal.

Não podemos deixar de falar que as igrejas também vêm sofrendo com práticas de intolerância religiosa, tais como noticiado, tanto com igrejas católicas como com igrejas evangélicas. Esse fato se deve à crescente intolerância entre os diversos grupos religiosos, não só com as ditas "minorias".

EMBASAMENTO JURÍDICO

Um dos obstáculos encontrados por aqueles que defendem a laicidade no Brasil é o artigo 150 da Constituição Brasileira, que proíbe a criação de impostos para as igrejas no país.

Em novembro de 2008 foi assinada em Roma uma concordata que teve o acordo homologado pela Câmara dos Deputados pelo Decreto Legislativo n.º 1.736, de agosto de 2009. Tendo sido também aprovado pelo Senado e assinado em 11 de fevereiro de 2010 pelo presidente Luís Inácio Lula da Silva, no Decreto 7.107, que promulgou a concordata Brasil-Vaticano-Santa Sé. A Constituição de 1988 não diz claramente nos seus textos se o país é laico, mas deixa implícito nas suas entrelinhas.

A Constituição de 1891 foi mais democrática do que as posteriores, uma vez que essa Constituição republicana foi exatamente aquela que determinava que o ensino ministrado nas escolas públicas deveria ser laico. No entanto, no ano de 1931, o governo Vargas aliançou-se com a Igreja católica e publicou um decreto que trouxe o Ensino Religioso de volta às escolas públicas. Esse fato foi reconhecido pela Constituição Federal em 1934, e a partir de então as demais Constituições preveem o Ensino Religioso nas escolas públicas. Por outro lado, as leis brasileiras de diretrizes e bases da educação nacional (LDB) de 1961 e 1996 trazem em seu bojo a proibição do uso de recursos públicos para a educação religiosa nas escolas públicas. O que se constituiu em um grande progresso no sentido de tornar a educação laica no Brasil.

Infelizmente, isso durou pouco tempo porque, mediante a pressão feita pela Igreja católica, o Congresso retirou a lei das duas Constituições. A Igreja católica durante muitos anos vem exercendo pressão e obtendo êxito junto às autoridades brasileiras.

A Constituição Brasileira de 1891 oficializou a proibição dos cultos religiosos pelo Estado e isso durou até a Constituição de 1934, quando a Igreja católica reuniu esforços para trazer novamente o Ensino Religioso para o currículo escolar. No ano de 1961 a Lei de Diretrizes e Bases da educação brasileira trouxe no seu artigo 97 uma orientação regulamentando como disciplina oficial do currículo obrigatório das escolas públicas o Ensino Religioso. No ano de 1964, período marcado pela ditadura militar, o Ensino Religioso se tornou facultativo nas escolas públicas brasileiras.

Na LDB de número 9.394/96, houve um grande avanço no que diz respeito à democracia e a laicidade no Ensino Religioso. O Ensino Religioso se tornou facultativo e com o caráter ecumênico no currículo brasileiro. Principalmente porque no ano seguinte foram elaborados os parâmetros curriculares nacionais (PCNs), que a priori não tinham o objetivo de regulamentar o Ensino Religioso no currículo escolar, mas, em face à intervenção e à organização de vários segmentos da sociedade nessa reivindicação, o fizeram.

A Base Nacional Comum Curricular (BNCC) é um documento de caráter normativo que define o conjunto orgânico e progressivo de aprendizagens essenciais que todos os alunos devem desenvolver ao longo das etapas e modalidades da educação básica. Pretende assegurar os conteúdos essenciais para a formação plena do cidadão na educação infantil com os pilares: conviver, brincar, participar, explorar, expressar e conhecer. Na BNCC o Ensino Religioso constitui área do conhecimento com objetivo, habilidades e competências estabelecidos. O grande avanço se dá no que diz respeito à obrigatoriedade da oferta por parte das instituições públicas de ensino, mas com o caráter facultativo de matrícula opcional. E a obrigatoriedade de serem ofertadas todas as modalidades religiosas possíveis.

RAÍZES E MULTI RELIGIOSIDADE

A escravidão no Brasil ocorreu de modo extremamente violento e perdurou por cerca de 300 anos. Índios e negros foram vítimas desse ocorrido, homens e mulheres jovens eram sequestrados de suas aldeias em sua terra natal, geralmente a África. Muitas vezes foram grupos dizimados e famílias desfeitas em quase a sua totalidade, para que não houvesse resistência. Só eram interessantes para o senhor de engenho os jovens saudáveis e em condições de produção. Os que não se encaixavam nesse perfil foram deixados muitas vezes na míngua, porque os que eram considerados produtivos foram levados à força. Idosos e crianças morreram em suas aldeias, deixando-os órfãos e sem assistência, abandonados à própria sorte.

Na história triste da escravidão muitos escravos não chegavam ao destino com vida. Eram sepultados em mares ou, ao chegar, aqui morriam, em sua grande maioria nos porões dos navios negreiros, onde eram mal alimentados e desprotegidos. Entregues a toda sorte de enfermidades e sem tratamentos adequados (Rossi, 2018).

Com a chegada desse povo africano ao Brasil, o propósito da Igreja católica era apagar suas memórias. Seu nome de batismo era mudado, a Igreja católica os batizava e dava novo nome. A princípio os índios nativos começaram a ser escravizados e aos poucos foram substituídos por negros africanos; estes dominavam o conhecimento das terras brasileiras, da floresta e utilizavam de suas armas para caçar e se necessário para se defender. Por temer a organização e a hegemonia dos negros e uma possível revolta contra seus opressores, os negros eram mantidos separados, proibidos de trazer viva a memória de suas origens, cultura e ancestralidade (Machado, 2014).

Era necessário deixar para trás o passado e se afastar de suas memórias e vivências. Muitas vezes os negros precisavam usar dos seus conhecimentos e sabedoria para manterem vivas as chamas que os uniam à sua história, como a capoeira, uma luta que era travada pelos africanos e foi denominada no Brasil como uma espécie de dança, para que isso não os prejudicasse e fosse razão para punição.

Uma forma de resistência era não deixar para trás a sua religiosidade, que era algo inerente ao seu ser. Embora acusados de feitiçarias e punidos por muitas vezes pela inquisição católica, criaram artifícios para cultuar os seus deuses. A Igreja católica proibiu os cultos das crenças africanas porque o catolicismo era a religião oficial do Brasil. Os escravos, porém, praticavam seus cultos escondidos ou de modo disfarçado – o que deu origem à Umbanda, uma vez que o altar precisava ser semelhante ao dos católicos (Machado, 2014).

O sincretismo religioso ocorreu durante o processo de colonização do Brasil. As várias crenças trazidas pelos escravos africanos foram difundidas com o catolicismo e outras religiões tribais existentes na cultura africana: cantos, colares de contas, rezas, danças e outras manifestações culturais religiosas. Com o passar do tempo, os negros organizavam suas manifestações em dias santos para que fossem associados seus cultos às celebrações católicas, o que evitava a repressão. Desse modo, também faziam equivalência entre os santos católicos e os seus orixás. Por isso, muitos santos católicos estão presentes nos altares de religiões de matrizes africanas.

A INTOLERÂNCIA RELIGIOSA COMO FATOR CULTURAL E RAÍZES HISTÓRICAS

A opressão realizada pela inquisição no Brasil foi algo terrível que ceifou muitas vidas dos que resistiram em deixar suas origens e a sua religião africana. O Brasil recebeu por quatro vezes a visita dos inquisidores entre o ano de 1591 e 1595, entre 1618 e 1621, entre 1627 e 1628, e 1763 e 1769. A função dos inquisidores era punir drasticamente os possíveis traidores da fé católica. Aqueles que desobedeciam aos dogmas da Igreja eram torturados e mortos em praças públicas. Eram queimados em fogueiras "santas" com plateia, para que se tornassem exemplo.

Conforme o observatório da laicidade da Universidade Federal Fluminense, a situação hoje é bem diferente daquela ocasião, mas ainda está longe de se caracterizar o Brasil como um estado laico, porque as instituições religiosas não pagam impostos como IPTU, ISS ou fazem declaração de imposto de renda. E algumas instituições recebem subsídios financeiros para programas sociais. O que não se estende às religiões de matrizes africanas.

Hoje as escolas públicas do Rio de Janeiro e creches municipais possuem profissionais disponíveis, por meio de concurso público, para as religiões católica, evangélica e de matrizes africanas; no entanto, as aulas não são ministradas em sua grande maioria no campo religioso, porque não existe interesse por parte dos alunos.

As escolas de educação infantil do município do Rio de Janeiro produzem seus projetos pedagógicos com base na BNCC e utilizam as orientações da mesma para a ministração do seu ensino. Trabalham as questões de atualidade e de inclusão, discutindo o respeito às diferenças e pluralidade cultural. O respeito à diversidade é parte obrigatória no currículo pedagógico. Temas como inclusão são cada vez mais trabalhados e discutidos amplamente. No entanto, a religião ainda é um tema cuja discussão se tornou escamoteada. Os temas religiosos acontecem como se não fossem religiosos. No mês de agosto são trabalhadas questões que fazem referência à cultura brasileira, em que são trabalhadas as lendas folclóricas, como o Boto-Cor-de-Rosa, o Saci-Pererê, o Curupira, e até a Iara, Sereia ou Mãe d'Água, que é considerada uma entidade na Umbanda; ou mesmo as festas dos Santos, como São João, Santo Antônio, que fazem referências à fé católica. As festas juninas celebram a colheita e os santos da Igreja católica, e há também as natalinas, entre outras. Algumas unidades trabalham o Halloween em festas de outras culturas.

Obrigatoriamente, a escola deveria ser laica, mas traz em seu bojo heranças culturais dos profissionais que estão envolvidos no processo de ensino-aprendizagem, assim como traz a experiência dos alunos que estão presentes naquele ambiente. No entanto, hoje, diferentemente dos tempos coloniais, a escola de educação infantil do município do Rio de Janeiro preza pelo respeito às crenças, à fé, às raças e a sua cultura em sua individualidade.

Laicidade não significa singularidade, mas sim o respeito a todas as crenças, a todas as raças e a todas as culturas. Por essa razão as creches públicas no Município do Rio de Janeiro que oferecem a educação infantil de 0 a 6 anos ainda celebram em seu cronograma as festas culturais religiosas e folclóricas antes mencionadas. Hoje já observamos um grande avanço no tocante à democracia no processo de ensino-aprendizagem entre educandos e educadores e suas respectivas famílias, que agora estão mais próximas e mais envolvidas no processo de formação dos seus filhos.

Até que ponto as instituições públicas de ensino da educação infantil dão conta de respeitar os espaços das pessoas representadas nessa unidade? Tendo em vista que a educação infantil tem como público-alvo as crianças de 0 a 6 anos de idade, sabemos que a educação infantil traz um número de pessoas adultas significativo nesse processo de formação. Dentre os personagens envolvidos no processo educacional, há uma grande diversidade cultural e religiosa. De certa forma, as crianças, embora muito pequenas, trazem consigo suas vivências e experiências familiares. A prefeitura municipal do Rio de Janeiro traz em sua ficha de matrícula a declaração acerca da religião que professam e a raça à qual as famílias se identificam como pertencentes.

Em nosso Estado percebemos que a Bíblia esteve presente durante muito tempo em alguns espaços públicos como nos tribunais, por exemplo. Por outro lado, já vivenciamos tempos em que os negros não tinham o direito de entrar em igrejas com seus senhores. Por isso percebemos, no Centro do Rio de Janeiro, a igreja denominada Nossa Senhora do Rosário dos Homens Pretos e a Igreja de São Benedito, que eram reservadas aos negros. Enquanto os senhores participavam das missas e celebrações com a classe abastada na igreja de Santa Luzia ou da Glória.

Duplamente discriminados, eles não entravam por serem pobres e por serem negros. As instituições privadas apresentam as maiores manifestações religiosas nos dias atuais, onde podemos presenciar a liberdade de expressão e da cultura ligada à fé em todas as religiões. Ainda que seja necessário nos dias atuais que se respeite o horário do silêncio, estipulado por lei a partir das 22 horas.

O direito de culto e manifestações religiosas foi garantido a partir do séc. XX na Declaração Universal de Direitos Humanos, proclamada pela Assembleia das Nações Unidas e também na Constituição Brasileira (ONU, 1948).

> Todo ser humano tem direito à liberdade de pensamento, consciência e religião; este direito inclui a liberdade de mudar de religião ou crença e a liberdade de manifestar essa religião

ou crença pelo ensino, pela prática, pelo culto em público ou em particular (ONU, 1948).

O estado do Rio de Janeiro em suas escolas apresenta uma defesa de aulas de religião que devem ser ministradas de acordo com os pertencimentos de cada aluno. Ou seja, cada aluno deverá receber as aulas referentes a sua opção religiosa.

Essa conquista considerada democrática se deve a uma luta travada por militantes dos movimentos das religiões de matrizes africanas. Esses militantes questionavam o fato de que as escolas públicas trabalhavam com a concepção de que o Brasil é um país considerado cristão. Nesse sentido, as escolas ofereciam em seus currículos pedagógicos apenas as aulas acerca da fé cristã católica romana. O grande questionamento era o fato de que pessoas que processavam outras crenças eram obrigadas a participar dessas disciplinas obrigatórias.

CONSIDERAÇÕES FINAIS

A história se incumbiu de traçar um rumo novo para o tema laicidade, e os educadores estão imbuídos de romper com estruturas homogeneizantes que foram impostas por ensinamentos coercitivos e autoritários. As escolas públicas em nosso Estado são denominadas como laicas, ou não sujeitas à religião. Nesse sentido, as escolas hoje são obrigadas a perguntar aos pais no ato da matrícula qual a religião professam e também a que raça se autodenominam pertencentes. E o aluno só poderá receber aulas de religião se forem discutidas as questões de pertencimento referentes a sua fé. Essa foi uma luta travada principalmente por militantes do movimento negro, uma vez que as escolas públicas trabalhavam apenas a fé católica romana, e assistir às aulas dessa religião era uma imposição do sistema governamental.

Dentre os personagens envolvidos no processo educacional há uma grande diversidade cultural e religiosa. De certa forma, as crianças, embora muito pequenas, trazem também consigo suas vivências e experiências familiares. A prefeitura municipal do Rio de Janeiro traz em sua ficha de matrícula ainda a ação acerca da religião que professam e a raça à qual as famílias se identificam como pertencentes.

A educação traz consigo a necessidade de absorção de conhecimentos e informações que possam ser úteis para a prática pedagógica. Faz-se necessária a ressignificação da práxis pedagógica de forma clara e objetiva na aplicação e ampliação dos conhecimentos, promovendo o debate à reflexão consciente e embasada sistematicamente na Constituição Brasileira.

O caminho para o equilíbrio ainda é longo, mas os debates e discussões, ou mesmo o despertar de profissionais, autoridades e membros da comunidade, são um grande passo.

Acreditamos que o Ensino Religioso exerce o seu papel importantíssimo em uma sociedade cada vez mais complexa, dividida e fria de amor. Sendo assim, os valores morais, a valorização da vida e a fé são preceitos que devem ser trabalhados e cativados entre alunos, independentemente de suas bases religiosas, são valores defendidos nas diferentes religiões.

REFERÊNCIAS

ANDRADA, R. **A trajetória do ensino religioso na educação brasileira**. 2018. Disponível em: https://revistasenso.com.br/religião/trajetória-ensino-religioso-na-educação-brasileira/. Acesso em: ago. 2023.

BLANCART, Roberto. **Em defesa das liberdades laicas**. Porto Alegre: Livraria do Advogado, 2008.

BRASIL. **Decreto-Lei n.º 2.848, de 7 de dezembro de 1940**. Disponível em: https://www.jusbrasil.com.br/topicos/10612290/artigo-208-do-decreto-lei-n-2848-de-07-de-dezembro-de-1940. Acesso em: 23 dez. 2023.

BRASIL. Câmara dos Deputados. **Resolução n.º 19, de 1989**. Regimento interno. Disponível em: https://www.camara.leg.br/proposicoesWeb/prop_mostrarintegra;jsessionid=DAC82BE6E805F56B5CA397F316EEDA53.proposicoesWebExterno2?codteor=379788&filename=LegislacaoCitada+-PRC+288/2006. Acesso em: 16 dez. 2023.

BRASIL. Lei n.º 9.394, de 20 de dezembro de 1996. Estabelece as diretrizes e bases da educação nacional. **Diário Oficial da União**, Brasília, DF, 23 dez.1996.

BRASIL. Ministério da Educação. **Parecer n.º 5/97**. Brasília: MEC, 1997. Disponível em: http:// portal.mec.gov.br/cne/arquivos/pdf/1997/pceboos-97.pdf. Acesso em: 6 abr. 2022.

BRASIL. **Base Nacional Comum Curricular (BNCC)**. Educação é a Base. Brasília: MEC/CONSED/UNDIME, 2017.

BONFÁ, Vanessa de Oliveira. **A confessionalidade da educação**: o ensino religioso na escola pública. 2019. Dissertação (Mestrado em Educação) – Universidade Federal de São Carlos, São Carlos, 2019.

COSTA, A. M. F. da. **Um breve histórico do ensino religioso na educação brasileira.** Natal: UFRN, 2014.

GALDINO, Elza. **Estado sem Deus, a obrigação da laicidade na Constituição.** Belo Horizonte: Del Rey, 2006.

HOLMES, M.J.T. **O ensino religioso na educação infantil**: pensando o ensino religioso, 2012. Disponível em: http://www.pensandoensinoreligioso.com.br/2012/06/o Ensino-Religioso--na-educacão-infantil.html. Acesso em: 2 mar. 2021.

IBGE. **Censo Demográfico 2022.** Disponível em: https://www.ibge.gov.br/. Acesso em: 13 ago. 2023.

JORNAL EXTRA. **Centro espírita é depredado em Teresópolis e mãe de santo acredita em intolerância**: 'Foi criminoso'. Rio de Janeiro, 2016. Disponível em: https://extra.globo.com/casos-de-policia/centro-espirita-depredado-em-teresopolis-mae-de-santo-acredita-em-intolerancia-foi-criminoso-20413210.html. Acesso em: 6 nov. 2023.

MACHADO, Adilbênia Freire. **Ancestralidade e encantamento como inspirações formativas**: filosofia africana mediando a história e cultura africana e afro-brasileira. 2014. Disponível em: https://filosofia-africana.weebly.com/uploads/1/3/2/1/13213792/adilb%C3%AAnia_freire_machado_-_ancestralidade_e_encantamento_como_inspira%C3%A7%C3%B5es_formativas_-_filosofia_africana_mediando_a_hcaa.pdf. Acesso em: 14 ago. 2023.

MATOS, Alderi S. **Igreja e Estado**: uma visão panorâmica. São Paulo: Mackenzie, s.d.

MARIANO, Ricardo. Expansão e ativismo Político de grupos evangélicos conservadores. Secularização e pluralismo em debate. **Civitas**: Revista de Ciências sociais, v. 16, p. 710-28, 2016. DOI: http://dx.doi.org/10.1115448/1984-7289.2011.2.9647.

MARIANO, Ricardo. Laicidade à brasileira: católicos, protestantes e laicos em disputa na esfera pública. **Civitas**: Revista de Ciências Sociais, v. 11, n. 2, p. 238-58, maio/ago. 2011.

MENDONÇA, Camila. **Revolução Francesa**. 2021. Disponível em: https://www.educamaisbrasil.com.br/enem/historia/revolucao-francesa. Acesso em: 5 maio 2023.

MIRANDA, Jorge. Estado, liberdade religiosa e laicidade. **Gaudium Sciendi**, n. 4, p. 20-48, 2013.

OLIVEIRA, Marco. John Locke. **Brasil Escola**. Disponível em: https://brasilescola. uol.com.br/filosofia/john-locke.htm. Acesso em: 21 out. 2023.

ONU. **Declaração Universal dos Direitos Humanos.** 1948. Disponível em: https://www. unisef.org/brazil/declaração-universal-dos-direitos-humanos. Acesso em: 7 abr. 2022.

PÚBLICO. **A liberdade religiosa, coração dos direitos humanos.** 1998. Disponível em: https://www.publico.pt/1998/12/27/jornal/a-liberdade-religiosa-coração-dos-direitos-humanos- 121225. Acesso em: 15 mar. 2022.

REVISTA CONSULTOR JURÍDICO. **Justiça gaúcha vai retirar crucifixos de seus prédios.** 7 mar. 2012. Disponível em: https://www.conjur.com.br/2012-mar-07/ tj-rs-manda-retirar-crucifixos-foros-predios-justica-gaucha. Acesso em: 4 dez. 2023.

ROSSI, Amanda. Navios portugueses e brasileiros fizeram mais de 9 mil viagens com africanos escravizados. **BBC News Brasil**, 2018. Disponível em: https:// www.bbc.com/portuguese/brasil-45092235. Acesso em: 9 set. 2023.

SARMENTO, Daniel. **Em defesa das liberdades laicas.** Porto Alegre: Livraria do Advogado, 2008.

SOUSA, Rainer Gonçalves. Revolução Francesa – os Estados Gerais. **Brasil Escola**. Disponível em: https://brasilescola.uol.com.br/historiag/revolucao-francesa-os- -estados-gerais.htm. Acesso em: 21 out. 2023.

VIANNA, Túlio Lima. **Efetivar o estado laico.** 2010. Disponível em: http:// tuliovianna.org/2010/12/21/efetivar-o-estado-laico/. Acesso em: 12 abr. 2013.

Se um lugar pode ser definido como identitário, relacional e histórico, um espaço que não pode ser definido nem como identitário, relacional ou histórico definirá um não lugar.

(Marc Augé)

O NÃO LUGAR DO ENSINO RELIGIOSO

Thais Nascimento de Araujo

Uma experiência ímpar e paradoxal. Primeiro, cabe descrever, depois problematizar. Recém-convocado em um concurso público para a disciplina de Ensino Religioso, o profissional escutou de seus pares: *"Pode dar aula, mas não de religião"*. Uma realidade controversa! O professor perguntou: – *Então darei aula de quê?*. Respondeu a superior: – *Fale sobre empatia, convivência, bullying, racismo, ações positivas, temas voltados para a melhor convivência, fale sobre as religiões e dê um panorama, talvez assim possa falar. Ah, não esqueça! Alunos talvez não tenha, quiçá um ou dois. Horário na grade regular também precisamos ver, uma disciplina optativa nem sempre tem horário disponível.*

– *Ok*, respondeu o professor! – *Eu aguardei muito por esse momento e reconheço que o Ensino Religioso não deve ser desprezado. É parte importante do aprendizado. É um formador de moral e civilidade. Vou buscar trabalhar com temas que fomentem o respeito mútuo do crente e incrédulo, do religioso e do ateu, em suas multiplicidades.*

INTRODUÇÃO

O cenário apresentado não é singular, é plural. Professores de Ensino Religioso no Brasil inteiro são profissionais que, em geral, estão envolvidos com outras práticas, fora de sua incumbência principal e original. Trabalham adaptados em outras funções e, aos poucos, compreendem que a disciplina representa uma controversa intenção do Estado em não eliminá-la como um todo, mas ressignificar a sua existência.

O que atestamos desse processo é que existe, atrelada ao Ensino Religioso, uma herança cultural e histórica importante. A formação socioespacial e sociocultural da população tem suas raízes histórico-religiosas no catolicismo, fruto da colonização europeia, somado ao sincretismo religioso oriundo de religiões de matriz africana, resultado da escravidão e da herança cultural indígena autóctone, além de outras inúmeras religiões e filosofias trazidas mais tardiamente por imigrantes asiáticos.

As missões protestantes também modelaram a crença do povo brasileiro, o que é expresso na estatística das principais religiões do país, com cerca de 22,2% de evangélicos no Brasil (dados do Censo 2022). Uma tendência de ascensão das religiões protestantes e evangélicas, em face à queda no número de católicos, que atualmente somam 64,6% da população brasileira. O censo também evidenciou que a proporção de católicos é maior entre as pessoas com mais de 40 anos, fato que decorre da hegemonia católica que alcançou gerações, e que o protestantismo ou grupos de evangélicos pentecostais e neopentecostais são maioria entre jovens e crianças – estamos falando de um país cristão em sua maioria.

ENTENDENDO A QUESTÃO

O professor, conversando com o colega, comenta:

Na minha época, eu aprendi os fundamentos da fé cristã católica. Importava ir à missa uma vez ao mês. Era bem divertido sair da escola e atravessar um quarteirão e visitar a imponente Igreja do Bairro. O templo era composto de imagens de santos e do Cristo crucificado, sobre a mesa no altar, o cálice, as velas, lamparina, o círio pascal, a cruz, os castiçais, a caldeirinha e aspersório, campainhas, sinos, os utensílios brilhantes, dourados, dispostos. O padre aplicava a homilia, após a leitura do "ato responsorial" (liturgia diária) e ao término, saímos ao som do órgão que tocava uma música sacra – o sino tocado nas horas de início da missa, ao meio dia, religiosamente – essa memória afetiva me traz boas recordações.

O colega perguntou-lhe então: – *Qual o sentido de aprender religião nas escolas? Acho que não cabe impor uma religião, quanto mais a dominante!* Perguntou-lhe, já respondendo.

Por certo, você tem razão. Não cabe impor, mas é necessário que se conheça e se respeite as diversas religiões presentes na nossa cultura. Uma das melhores formas de se alcançar esse objetivo é dando voz aos alunos que professam em seus núcleos sociais, as suas crenças ou até mesmo as suas não-crenças. Os alunos têm curiosidade pela religião do outro e o desconhecimento leva-os a julgamentos e pré-conceitos que os afastam.

Esse é o objetivo do Ensino Religioso, conforme previsto na Base Nacional Comum Curricular (BNCC). Proporcionar aos alunos o conhecimento sobre as diferentes religiões, levando-os à compreensão das diferentes manifestações religiosas de culturas. Nesse sentido, o papel do Ensino Religioso também é o de conversar com outras disciplinas, como história, artes e geografia, ao se trabalhar o entendimento das diferentes estéticas e culturas.

O Ensino Religioso desempenha um papel fundamental ao abrir o diálogo quanto à necessidade de se garantir na sociedade um lugar de liberdade religiosa. O Estado, por sua vez, ao fomentar o Ensino Religioso, deseja estimular e proporcionar a compreensão e a aceitação mútua. "O estado laico não é o estado ateu ou agnóstico", já dizia Ives Gandra Martins – jurista brasileiro. O estado laico é aquele que garante a liberdade de crença e o respeito à diversidade religiosa. A existência do Estado democrático presume a coexistência das diferentes crenças e práticas ou a convivência das convicções de cada indivíduo.

Na sala dos professores, emerge o seguinte diálogo com a chegada de uma nova professora:

– Você dará aula de quê?

Respondeu a colega um pouco desconfortável e acanhada:

– Ensino Religioso... a princípio.

O diálogo seguiu...

– Para que "religião" na escola? Os alunos precisam de português, matemática, ciências... que loucura!

O desconforto da professora recém-chegada tinha motivo. Não há um lugar certo e confortável para esse ensino, dado que até entre os docentes a sua compreensão é complexa.

Uma outra colega então responde:

–Bem-vinda! Eu gostava das aulas de religião. Minha professora era evangélica e tínhamos momentos de encontros no espaço escolar. Cantávamos, tínhamos violão, fazíamos orações, tinha conversa. Eu achava bem divertido!

Esse relato reflete o que muitos profissionais ainda percebem e sentem pelo Ensino Religioso – uma disciplina voltada a uma religião específica, a do docente! Mas para esse tipo de ensino não há lugar, nem se propõe que tenha. Não de uma forma a cultuar uma ou mais divindades de cada fé, mas a religiosidade que é parte da cultura brasileira e que não se abandonará nem se matará. Nem tampouco se conseguirá aniquilá-la da sociedade e de seus espaços sociais, inclusive do espaço escolar!

Os preceitos do Ensino Religioso estão pautados na Constituição de 1988 e as diretrizes estão dispostas na BNCC, a fim de dirimir eventuais dúvidas e conflitos. Logo, a observação à Lei nos traz respaldo sobre a sua importância em cumprir um papel que está vago nas escolas e na educação. Unir, dialogar, construir, conversar, aceitar, respeitar, conhecer, tudo isso pode ser preenchido pelo Ensino Religioso; logo, a disciplina é em si primordial para os principais desafios da escola de hoje e da educação brasileira na formação cidadã e ética do educando. Cabe ao Ensino Religioso a proposição de reflexões no âmbito da escola acerca dos fundamentos, costumes, crenças e valores das diferentes religiões coexistentes na sociedade.

Uma experiência que merece ser compartilhada é a da professora Miriam, que chegava à escola pública e não encontrou turmas para lecionar. Logo, o que ela pensou junto à direção foi: "Vamos criar o centro de debates das religiões". A professora convidava, em sucessivas semanas, líderes religiosos mais representativos no contexto social da comunidade escolar e, em um dia da semana, todos se reuniam no auditório a fim de tirar dúvidas, conversar, dialogar e, principalmente, conhecer. O resultado, segundo Miriam, foi satisfatório e surpreendente; *"foi criado o espaço de diálogo"*. O outro projeto desempenhado foi intitulado "capelania escolar", tão somente um espaço de escuta para os alunos que enfrentam problemas pessoais e familiares, que, por intermédio da sua própria fé, eram trabalhados com o propósito de serem fortalecidos.

Experiências opostas a de Miriam também ocorrem e essas são mais comuns. Foi bem decepcionante para o professor "abandonar os seus livros e planos". Disse ele: – *Eu só queria ter um lugar de fala que expusesse a necessidade de Ensino Religioso na formação do aluno. Parece que no "pandemônio" de algumas escolas, caberia bem esse ensino sob os pilares da BNCC – sem mais.*

Mas o que faz o Ensino Religioso ser desinteressante para os diferentes atores sociais envolvidos? Escola, Estado e alunos parecem não viver um casamento muito feliz nessa relação. Ocorre desconhecimento por partes. Desestímulos aos profissionais, como se estes fossem apenas um pano de fundo ou desempenhassem um papel secundário na complexa arte de ensinar. Ao Estado, por vezes, parece imperar o fluxo político e o valor de sentido à matéria em um dado momento no contexto político do país.

O Ensino Religioso foi instituído no Brasil no período colonial e, posteriormente, no Império. Seguia-se o interesse do Estado, a religião da Coroa. O Brasil República deixava a cargo das escolas confessionais a ministração do Ensino Religioso, salvando as escolas públicas dessa incumbência.

O termo "facultativa" veio a ser defendido e instituído na Constituição de 1934 e respeitado nos demais textos da Carta Magna até os dias de hoje. A escola pública voltava a ministrar Ensino Religioso e aqui estamos.

> *Peguei a lista de alunos. Tenho 3 turmas com um aluno em cada classe! A direção manterá as turmas. Achou importante respeitar a decisão do aluno e quem sabe, feito um bom trabalho, angariar mais alunos para o ano letivo seguinte, disse o professor.*

O não lugar do Ensino Religioso (ER) consiste na subordinação aos critérios locais de uma escola, por meio de seu representante (a direção), em considerar importante ou não o ER para a sua unidade. Também consiste na importância que o aluno dará ao ER, em geral, dependente de sua experiência pretérita, advinda de raízes culturais e grupos sociais do discente. Demanda também da importância que a família dá ao ER no momento da matrícula. Mas a sua real importância terá que ser alvo de publicidade e debate na comunidade escolar, mobilizada e alvo de programas de políticas de educação.

O não lugar do ER é fruto de uma má compreensão do papel dessa disciplina e de sua ministração, visto que o profissional, em geral, tem que professar uma fé validada por uma autoridade religiosa; logo, os profissionais tenderão a cuidar melhor daquilo que lhes é familiar. Sendo assim, a melhor formação para o professor de Ensino Religioso é o de cientista da religião, e não de um professor-religioso.

O estado do Rio de Janeiro apresenta um cenário um pouco diferenciado do restante do país, mas não menos complexo. A Lei n.º 3.459, de 14 de setembro de 2000, e o Decreto n.º 31.086, de 27 de março de 2002, estabelecem as normas e regras para o Ensino Religioso no estado. O Docente I deve ser concursado para a disciplina e o Docente II, concursado para dar aula no 1.º segmento do Ensino Fundamental I, porém com desvios de função amparados pelo Decreto. Logo, a exigência é ter Licenciatura em qualquer área e estar certificado para ministrá-lo por uma das instituições religiosas credenciadas na Secretaria de Estado de Educação. Sendo assim, o ensino passaria a ser na prática, confessional, visto que um docente acaba sendo o representante de uma só fé. Entretanto, o que se busca de fato é um docente que apresente a pluralidade de religiões existentes no país – na práxis ocorre o proselitismo que tanto se quer combater.

A crítica ao cenário apresentado está fundamentada na seguinte questão: estaria esse profissional capacitado a lecionar sobre todas as variáveis de religiões e filosofias praticadas pelo aluno ou de seu interesse?

Acredito que a resposta mais lógica é um NÃO! O lugar da crítica também é o lugar da resistência. Seria o Ensino Religioso importante na formação de cidadãos? Há de se abrir mão do Ensino Religioso por conta dos dilemas e realidades conflitantes?

O não lugar do ER já está garantido, com práticas pouco claras, metodologias não bem definidas, que ficarão à mercê do bom senso do educador. Resta saber, agora, o lugar do Ensino Religioso.

A EDUCAÇÃO COMO HERANÇA FAMILIAR: TAFICO E ITAJUMA

Marcelo de Araújo Eliseu

O sobrepeso lhe dificultava a locomoção, mas nunca a impediu de flutuar no mundo da poesia.

Sim, era poetisa.

Era sábia, poetisa, doceira, poetisa, conselheira, poetisa, madrinha, poetisa...

Era uma fada-madrinha.

E ela sabia que, muitas vezes, era a poesia a forma mais eficaz de garantir que seu afilhado levaria o ensinamento claro e inesquecível para o resto de sua vida.

Afinal, essa é uma das funções da poesia: encantar, de forma inesquecível, a memória de alguém...

Então, Tafico e Itajuma apareceram por lá em uma dessas tardes ensolaradas.

O intuito, como sempre, era saborear algum dos doces mais doces do mundo; quem sabe, por sorte, seria a vez do doce de laranja-da-terra...

Tia Duza, que também era madrinha de Tafico, recebeu os meninos com a típica curta risada de sempre...

– Ah, meus queridos sobrinhos! Já sei, vieram me ajudar a varrer o quintal como da última vez?! – exclamou Tia Duza, que também tratava Itajuma como um sobrinho querido.

Ela sabia que Itajuma não tinha uma família muito agregada e sabia que doses de carinho e atenção de natureza familiar dariam a ele uma estrutura emocional mais sólida para seguir a vida.

– Nós viemos para estudar um pouco para a prova de amanhã... aqui é mais sossegado, Tia! – exclamou Tafico à sombra mais ou menos falha de uma goiabeira no quintal.

– Mas antes nós vamos varrer o quintal, Tia! – complementou Itajuma já buscando uma vassoura próximo ao tanque de lavar roupas. – Onde está o ancinho?

– O ancinho está no lugar de sempre. – Ela sabia que eles não estavam ali pelo sossego, nem para varrer e muito menos para estudar, mas, afinal, qual desculpa não valeria aqueles doces caseiros?

– Tem doce de banana; vocês querem provar?

– É claro que queremos, Tia! – disse Tafico.

– Tem aquele doce de laranja-da-terra também, Tia? – perguntou Itajuma.

– Você sabe muito bem que tem, Itajuma! – disse Tafico. – O doce de laranja-da-terra é em compotas e está muito bem compotado. Só está perguntando...

– Não é nada disso. O doce poderia ter acabado...

– Sosseguem o facho, meninos...

Quintal varrido, doces servidos, e os meninos encontravam-se na varanda saboreando os doces enquanto a Tia Duza, da cozinha, saboreava a conversa dos sobrinhos.

Falavam sobre a escola, a matéria da prova, o comportamento dos colegas, a forma de ensinar dos professores, das meninas; enfim, deixavam navegar ali uma série de dúvidas e incertezas que, certamente, não são solucionadas tão somente pela escola.

Então, como a fada-madrinha que era, a Tia foi até a varanda com a toalha de prato nas mãos e disse:

A escola tem muita importância
Organiza a arte de pensar
Inicia-se na infância
E segue a vida a ensinar

Mas o ensino começa no lar
Bem no seio da família
Engatinhar, andar, falar
Sem temer qualquer armadilha

A família é o fundamento
É a base, a estrutura
A escola é o complemento
Que dá ao pilar a sua altura

Se a vida é um oceano
Seu ponto seguro é uma ilha
Navegar exige plano
E o farol é a família

– Meus queridos, tudo o que vocês estão conversando...

– Tia, você estava ouvindo nossa conversa?! – perguntou
Tafico, mais ou menos surpreso.

– É claro que estava!

Vocês falam alto

Falam sem parar

E eu estou aqui perto

Como tinha que estar

– Família é assim. É o que temos e o que somos. Naveguem
pela vida, meus queridos... estudem, aprendam, ensinem...
Um dia formarão novas famílias e serão como ilhas para
aqueles que virão...

Talvez Tafico e Itajuma não tenham entendido a mensagem perfeitamente naquele momento. Afinal, eram muito jovens. Mas as raízes eram firmes e eles logo entenderiam. Além do mais, ainda havia muitos doces para encantar e reforçar o aprendizado...

ANEDOTA DE GEOMETRIA: A RELEVÂNCIA DO DIÁLOGO MULTIDISCIPLINAR

Marcelo de Araújo Eliseu

O professor de geometria saiu da sala deixando no quadro um parágrafo a ser copiado na vã esperança de que a bagunça não se instaurasse por completo nos próximos cinco minutos pelos quais precisava se ausentar.

– Atenção, turma! Copiem esta sentença enquanto vou à secretaria buscar um projetor. É apenas uma anedota, mas quem trouxer a resposta correta na próxima aula ganhará meio ponto na prova.

Maria e Odila eram irmãs gêmeas e estudavam juntas na mesma sala do sexto ano. Onde estava Maria, estava Odila; onde estava Odila, estava Maria. Esses nomes eram inseparáveis.

– Afinal, que tipo de questão é essa? – perguntou Odila a Maria.

– Não importa agora... copia logo e a gente resolve em casa – respondeu a irmã.

– Se você já está copiando, pra que eu vou copiar também!? – ironizou Odila, por fim.

Em casa, pediram ajuda ao irmão mais velho.

– Você nos ajuda a resolver esta anedota ou enigma, sei lá? – perguntou Maria.

– Sim, ajudo sim! Mas não vou resolver pra vocês; vou ajudar... deixa eu ver o tal enigma... "Qual é, provavelmente, a nacionalidade de uma pessoa cujo nome é a metade do perímetro de uma circunferência?", nossa! Interessante...

– Nacionalidade?! Mas, afinal de contas, essa questão é de geometria ou geografia? – indagou Odila, a menos paciente das gêmeas.

– Sendo enigma, anedota, geometria ou geografia, com certeza é possível explorar mais de um campo do conhecimento – respondeu o irmão.
– Vamos por partes. Qual é o perímetro de uma circunferência?

– $2\pi r$ (dois "pi" "erre") – respondeu Maria, curiosa.

– Pois é... o perímetro da circunferência é $2\pi r$, onde π (pi) é uma letra grega que representa um número e r (erre) é o raio dessa circunferência

– falou o irmão, prosseguindo. – Se o perímetro da circunferência é $2\pi r$, então quanto é a metade do perímetro da circunferência?

– Ah! Essa é fácil... metade de $2\pi r$ é apenas πr ("pi" "erre") – concluiu Odila rapidamente, antes que Maria respondesse primeiro.

– Então, qual é o nome da pessoa... – perguntou o irmão, induzindo ambas à conclusão do raciocínio.

– Já sei...

– Eu também já sei...

– É Pierre! – responderam as duas ao mesmo tempo. Coisa de gêmeas...

– Isso, o nome é Pierre – confirmou o irmão. – Toda e qualquer circunferência possui uma relação entre seu perímetro e seu respectivo diâmetro que...

Enquanto o irmão tecia comentários adicionais que para elas não eram lá muito interessantes naquela fase da vida, Odila, já distraída, rascunhava alguma coisa tranquilamente em seu caderno. Seu irmão, então, parou de falar e manteve-se em silêncio até que ela notou e retornou à realidade.

– O que foi? – perguntou ela.

– Eu é que pergunto. O que é isso? – respondeu ele, puxando delicadamente para si o caderno e lendo a razão da distração.

Talvez você acerte.

Talvez você erre.

Mas com certeza.

O nome dele é Pierre.

– Olha só... isso não é questão de português, literatura ou poesia... é uma questão de geometria.

– Você disse que iria ajudar a gente, mas você está falando umas coisas que a gente ainda nem estudou na escola... – comentou Maria, já defendendo a irmã.

– Tá bom, me empolguei um pouco... vamos continuar na solução da questão. Se o nome da pessoa é Pierre, então qual é a sua provável nacionalidade?

– Ele é francês!!! – respondeu rapidamente Maria, antes que Odila o fizesse.

– Mas espera aí... – falou Odila. – Qualquer pessoa pode se chamar Pierre, independentemente de haver nascido na França.

– Claro! – interferiu o irmão. – É justamente por isso que a questão trouxe o advérbio provavelmente.

– Advérbio?! – exclamou Maria. – Você acabou de dizer que não era questão de português e agora vem falar em advérbio. Então agora é questão de geometria, geografia e português... – riram os três.

– Sim, podemos dizer que, no final das contas, é uma questão multidisciplinar. Vejam, até uma pessoa nascida no Japão pode se chamar Pierre. Mas, provavelmente, quem se chama Pierre está de alguma forma ligado à França. Algumas vezes...

– Se não fosse pelo advérbio, essa questão ficaria sem graça... – interrompeu Odila.

– Sim... vejam a importância de se interligar as diversas disciplinas. Quando vocês... – O irmão notou que agora era Maria quem parecia distraída. Não estava. Estava focada em terminar algo que escrevia em seu caderno.

Então o irmão, utilizando da mesma técnica, fez um silêncio até que ela percebesse. Mas ela também não percebeu ou não se importou. Terminou o que estava escrevendo em seu caderno e prontamente mostrou ao irmão.

Passou pela geometria

E também pelo português

Considerando a geografia

Provavelmente Pierre é francês

Maria também quis fazer sua gracinha. Coisa de gêmeas...

Brincar com crianças não é perder tempo, é ganhá-lo; se é triste ver meninos sem escola, mais triste ainda é vê-los sentados enfileirados em salas sem ar, com exercícios estéreis, sem valor para a formação do homem.

(Carlos Drummond de Andrade)

A IMPORTÂNCIA DA LUDICIDADE NO APRENDIZADO: UMA EXPERIÊNCIA COM A EDUCAÇÃO INFANTIL

Tamyres Jerônimo Andrade

INTRODUÇÃO

Este trabalho é de extrema relevância para a formação de professores em Pedagogia e para todos aqueles que já trabalham na educação infantil. Durante o curso de formação, os futuros docentes têm disciplinas referentes a essa etapa do ensino. Durante as atividades de leitura e realização dos trabalhos, ficou clara a importância da ludicidade para ajudar as crianças a se desenvolverem. Analisar as estratégias utilizadas na educação infantil é muito importante. Com este trabalho esperamos contribuir para uma aprendizagem de qualidade para os alunos da educação infantil que passarem por nós, na sala de aula, e fazer a diferença na vida e no desenvolvimento de cada um.

A prática do professor da educação infantil é muito importante no desenvolvimento dos alunos, por isso, a preocupação com as estratégias lúdicas deve ser uma constante no planejamento do professor.

Os principais objetivos deste trabalho são: analisar a importância das estratégias lúdicas no ensino-aprendizagem das crianças da educação infantil; verificar quais são as melhores estratégias lúdicas para uma boa aprendizagem das crianças; verificar quais são as melhores estratégias lúdicas para uma boa aprendizagem das crianças; identificar os objetivos que podem ser alcançados com as estratégias escolhidas; perceber como as crianças estão participando da atividade; verificar se as estratégias lúdicas promoveram o desenvolvimento das crianças. A necessidade de refletir sobre a prática do professor na educação infantil utilizando o lúdico precisa ser uma constante.

Neste trabalho foi utilizada como base teórica a autora Ana Paula Silva da Conceição (2004), em seu livro *O lúdico no currículo da educação infantil: debates e proposições contemporâneos*, fazendo uma reflexão sobre a construção de uma educação democrática, na qual a prática venha promover o desenvolvimento das crianças nas plenitudes múltiplas expressões lúdicas. É uma obra que ajuda na compreensão das proposições e dos debates sobre o lúdico no currículo da educação infantil. Também foram consultados M. J. Abreu (2018), que apresenta breves reflexões em torno dos jogos na educação infantil; Brougère (1997), embora seja uma obra não recente, é extremamente relevante, pois fala do brinquedo e sua representação simbólica para a criança; e Luckesi (2005), que oferece uma ótima compreensão sobre ludicidade, de que forma o sujeito a vivencia, produzindo conhecimento de forma prazerosa.

IMPORTÂNCIA DAS ESTRATÉGIAS NA APRENDIZAGEM DOS ALUNOS

As estratégias pedagógicas que o professor da educação infantil escolhe para trabalhar são de suma importância para que a aprendizagem dos alunos seja efetiva. Elas auxiliam o professor de forma que o desenvolvimento dos alunos seja alcançado, como é o objetivo pretendido.

Sabemos que o ambiente escolar precisa estar em consonância com as estratégias para possibilitar o desenvolvimento das habilidades dos alunos e que o corpo docente tem que trabalhar com o objetivo e responsabilidade de contemplar os aspectos necessários para constituir a aprendizagem das crianças.

A educação infantil é a primeira etapa da educação básica e atende as crianças até 5 anos de idade, de acordo com a Lei n.º 12.796/13, que alterou a Lei 9.394/96. Atualmente, temos a Lei de Diretrizes e Bases (LDB), que, em seu artigo 29, estabelece que sua finalidade maior está no desenvolvimento integral da criança. E o Estado tem a incumbência de oferecer esse ensino com qualidade.

A partir disso, o estado organiza as Diretrizes Curriculares Nacionais para a Educação Infantil (DCNEI) e a Base Comum Curricular (BNCC) para trazerem normas e orientações a esta etapa tão importante na vida das crianças. O currículo é elaborado de uma forma que as oportunidades sejam enriquecedoras e oportunizem um desenvolvimento integral da criança.

Dessa forma, todas as atividades trabalhadas na educação infantil têm o objetivo de desenvolver e oportunizar a aprendizagem de forma lúdica.

De acordo com Luckesi,

> As próprias atividades lúdicas, na medida em que praticadas, processam o desenvolvimento. As atividades lúdicas constituem o centro das atividades curriculares. Os chamados conteúdos educativos (usualmente, denominados escolares) passam por dentro das atividades lúdicas; o que quer dizer que a própria atividade lúdica contém dentro de si os conteúdos educativos, formativos e instrucionais (Luckesi, 2000, p. 120).

Conforme o autor, as atividades lúdicas são imprescindíveis, têm de estar presente em todas as atividades de uma forma natural, porque o lúdico é inerente a esta etapa da educação. Dentro dos conteúdos formativos, devem passar pelas atividades lúdicas.

Vemos um grande equívoco ocorrer nas escolas de educação infantil: os professores trabalhando conteúdos de uma forma tradicional, como se as crianças já fossem capazes de compreender certos temas abstratos e longe de sua realidade. De acordo com Luckesi, são as atividades lúdicas que contêm os conteúdos escolares, e não o contrário. Portanto, os professores precisam conhecer mais sobre o universo infantil, sobre a faixa etária de seus alunos e, principalmente, conhecer as leis que hoje estão presentes para respaldar o trabalho pedagógico na educação infantil.

Por isso, a prática pedagógica na educação infantil deve passar por uma constante reflexão por parte dos professores que trabalham nesta etapa do ensino da educação básica. Na educação infantil o desenvolvimento afetivo e social deve ser trabalhado com muita seriedade, ajudando-os a ser solidários, amáveis com os colegas, terem espírito acolhedor.

As habilidades cognitivas possibilitam à criança desenvolver sua capacidade de lidar com situações diversas, resolver problemas, pensar sobre os objetos que estão à sua volta, explorar o ambiente, a sala de aula, o pátio. A partir da cognição a criança percebe o seu mundo, o que a rodeia, compreende os comandos e responde aos estímulos das pessoas que estão com ela.

Todas as atividades realizadas na educação infantil têm que ser lúdicas para facilitar e estimular o desenvolvimento infantil em todos os seus aspectos. São as atividades lúdicas, como os brinquedos e jogos educativos, que envolvem o desenvolvimento da memória, atenção e raciocínio simples, segundo Brougère (1997), ocorrendo dentro e fora da escola.

Ainda de acordo com Brougère,

> As brincadeiras como forma de interpretação de significados contidos nos brinquedos e estes, portanto, como suporte de

representações, contribuem para a socialização das crianças e permitem o acesso aos códigos culturais e sociais necessários para a formação do indivíduo social (Brougère, 1997).

Assim, percebemos o quanto é importante o brinquedo e as brincadeiras no desenvolvimento social das crianças, na convivência diária das mesmas no espaço escolar. Percebe-se, assim, como a criança constrói suas representações e como é sua visão de mundo. O professor, ao organizar as atividades lúdicas para sua turma, deve levar em conta a cultura da criança ou as várias culturas das crianças, de acordo com Brougère.

EXEMPLOS DE BOAS ESTRATÉGIAS

Estratégias pedagógicas são os métodos utilizados pelos professores para alcançarem seus objetivos, são definidas de acordo com a turma e faixa etária. O professor pode usar inúmeras estratégias, tais como música, contação de histórias, jogos e brincadeiras (livres ou dirigidas), arrumação da sala de aula, entre outras.

Os professores que trabalham na educação infantil têm que ter a preocupação com a realidade sociocultural das crianças, considerando o que elas sabem e as características da idade para elaborar suas estratégias de ensino, como diz Kramer (1985, p. 80):

> Nessa medida é preciso que o currículo da pré-escola articule: 1. a realidade sociocultural da criança, considerando os conhecimentos que ela já tem [...]; 2. seu desenvolvimento e as características próprias do momento em que está vivendo [...]; 3. os conhecimentos do um mundo físico e social [...]. Uma prática pedagógica que tenha como suporte um currículo dessa natureza favorecerá, necessariamente, o desenvolvimento da linguagem e demais formas de expressão, bem como a construção, pela criança, da leitura, escrita [...], o pensamento lógico-matemático e a construção das relações matemáticas básicas [...], as experiências com os objetos e a aquisição das noções relativas ao mundo físico [...]; a maior exploração da sua realidade sociocultural e as diferenças e semelhanças que têm como o mundo social mais amplo em que está inserida...

Nesse caso, estão inseridos todos os aspectos que devem ser desenvolvidos na criança. E que devem ser desenvolvidos de uma forma prazerosa, via atividades lúdicas que aguçam o imaginário infantil, que favoreçam a construção do caráter infantil, reforçando os laços afetivos em sala de aula e que os mesmos se estendam para além dela.

Uma das estratégias que podem ser atrativas para as crianças é a criação do "Cantinho da Leitura". Toda sala de educação infantil, principalmente, deve ter esse cantinho no qual a criança desenvolve a sua imaginação e começa a desenvolver o hábito de leitura, tornando-se uma amante da leitura, que enriquece e desenvolve seu vocabulário.

Nesse cantinho da leitura deve ter materiais diversos, não só livros de histórias, mas jornais, revistas, entre outros materiais que os alunos possam manusear. Além disso, deve haver o momento da leitura compartilhada, diariamente, fazendo parte da rotina. Dentro desse momento, oportunizar à criança uma releitura do que ouviu. Deixá-las falar, nesse momento.

A utilização de jogos e brincadeiras é fundamental. Insira o conteúdo escolar que tem que ensinar dentro dos jogos e brincadeiras que vai utilizar. Em cada conquista do aluno deve conter um elogio, um incentivo, palavras de motivação.

As brincadeiras são de extrema importância nesta etapa. Afinal,

> A criança constrói sua cultura lúdica brincando. É o conjunto de sua experiência lúdica acumulada, começando pelas primeiras brincadeiras de bebê [...], que constitui sua cultura lúdica. Essa experiência é adquirida pela participação em jogos com os companheiros, pela observação de outras crianças (Brougère, 1998, p. 26).

Assim, vai ocorrendo o desenvolvimento de uma forma natural, vai sendo construída sua individualidade e autonomia, como tem que ser nesta idade, sem nenhum peso, mas de forma prazerosa e agradável.

De acordo com DCNEI,

> Ter como objetivo garantir à criança acesso a processos de apropriação, renovação e articulação de conhecimentos e aprendizagens de diferentes linguagens, assim como o direito à proteção, à saúde, à liberdade à confiança, ao respeito, à dignidade, à brincadeira, à convivência e à interação com outras crianças (Brasil, 2010, p. 18).

Para que isso se efetive, faz-se necessário que o professor observe a turma e organize suas estratégias de acordo com as características dela, pois é na ludicidade que as crianças aprendem e se desenvolvem. Na educação infantil, a ludicidade é a melhor estratégia.

Outra atividade lúdica muito utilizada é o desenho e pintura, além de serem muito divertidos, ajudam as crianças a desenvolverem habilidades motoras finas e a coordenação mãos-olhos. Com o desenho, a criança desenvolve a capacidade de resolução de problemas e também a consciência espacial. Aprende a usar as cores, desenvolve a criatividade. Aqui são descobertos os "artistas da escola".

Nos cantinhos da sala de aula não podem faltar os fantoches, porque quando as crianças vão para esse cantinho numa atividade livre ou dirigida, o professor tem a oportunidade de observá-los e ver como estão vendo as coisas ao seu redor, como estão desenvolvendo sua percepção de mundo, suas relações com os colegas, socialização, entre outros aspectos relevantes.

Outra atividade muito importante é a dança e a música. Além de ser uma atividade física, é extremamente lúdica. A partir de músicas conhecidas, podem ser criadas paródias com as crianças, o que é muito divertido e desenvolve o raciocínio e o vocabulário infantil.

Há outras brincadeiras que desenvolvem a concentração, tais como cabo de guerra, dança da cadeira, mímicas, entre outras, que favorecem também o espírito de equipe, trabalho coletivo, um ajudando o outro.

Outra atividade lúdica é a massa de modelar. Essa atividade é muito importante para o desenvolvimento da musculatura fina, e, além de desenvolver a criatividade e imaginação, se a criança não gostar do que fez, pode refazer.

Outra atividade muito importante é o recreio, sim o recreio. Os professores não tiram muito proveito desse momento, achando que não tem muita importância, mas este pode se tornar um momento muito importante e rico em experiências.

Apoiados em Brougère (1998, 2004), Lopes (2005, 2015), Kishimoto (2001, 2003) Friedmann (1996, 2003), partimos do princípio de que a criança necessita do brincar livre para ter oportunidade de expor seu potencial criativo no momento em que elabora brincadeiras e jogos, e, que se faz necessário garantir seu direito fundamental. Porém, diante do problema de que muitas vezes essa oportunidade não vem sendo possibilitada na hora do recreio (muitas escolas do País e na Bahia, em particular) não tem sido oferecido em algumas escolas, por ser visto como um momento sem importância, como uma breve pausa nas atividades escolares, tanto para professores quanto para alunos, portanto, um momento improdutivo (Cardoso, 2008).

Os professores precisam levar em conta esse momento livre para perceber a cultura lúdica que as crianças trazem para a escola. Neste espaço, que deve ser assegurado pela escola, pois é um direito da criança tê-lo, desenvolvem-se aprendizagens diversas, brincadeiras, socialização, trocas de experiências e, acima de tudo, aquisição de novos conhecimentos entre elas.

No entanto, o que vemos são escolas deixando de lado este espaço, não valorizando um momento tão rico, cada vez vemos menos espaços de recreação nas escolas de educação infantil, o que é lamentável.

Ao planejar as atividades lúdicas na educação infantil, o professor deve pensar na importância do brincar, do lúdico para a vida das crianças, reconhecendo-a como agente social, um ser afetivo, motor e simbólico, entendendo que é pela observação do lúdico que se desenvolve um olhar sensível e mobiliza-se para valorizar cada ação das crianças.

Dessa forma a escola deixará de ser um lugar chato, cheio de imposições sem sentido para as crianças e se tornará um local mais atraente, onde elas gostarão de estar.

COMO AS ATIVIDADES LÚDICAS AJUDAM NA APRENDIZAGEM

As brincadeiras e os jogos são muito importantes na vida da criança, pois por meio deles a criança interage com as outras, desenvolve seu pensamento e linguagem entre outros benefícios.

Segundo Piaget (1967), a prática com jogos não pode ser encarada como uma simples diversão ou brincadeira para desgastar energia, pois ele auxilia no desenvolvimento físico, cognitivo, afetivo e moral. Jogando, a criança age sobre os objetos e adquire conhecimentos sobre eles. O jogo não pode ser trabalhado apenas como um passatempo porque não o é. Com os jogos, o estímulo das faculdades mentais é favorecido. A criança é estimulada a resolver, a superar obstáculos.

As crianças nesta faixa etária precisam brincar, se reinventando constroem seu mundo, o brinquedo não é só para lazer, mas um recurso para o desenvolvimento da aprendizagem. Como podemos perceber,

> Através dos jogos e brincadeiras, o educando encontra apoio para superar suas dificuldades de aprendizagem, melhorando o seu relacionamento com o mundo. Os professores precisam estar cientes de que a brincadeira é necessária e

que traz enormes contribuições para o desenvolvimento da habilidade de aprender e pensar (Campos, 2023).

A importância dos jogos e brincadeiras na educação infantil é indiscutível. São extremamente enriquecedores para uma prática pedagógica comprometida com o desenvolvimento integral dos pequeninos. Tanto os jogos como as brincadeiras têm que ter seu foco nas oportunidades que cada criança tem de aprender algo brincando, e não nos resultados, valorizando sempre como as crianças aprendem e não que, ainda, não conseguiram aprender, afinal, estão no processo e este é contínuo.

A sala de aula da educação infantil deve ter um mobiliário adequado às crianças, não pode haver nada que impeça os movimentos ou que seja obstáculos. O ambiente tem que ser natural e rico em elementos, cores e formas. A construção de cantos temáticos é essencial para as crianças desenvolverem sua imaginação e aprendizagem.

O professor da educação infantil deve ter uma preocupação com a organização dos espaços de forma que as crianças tenham acesso aos materiais disponíveis.

Ainda se pode perceber que,

> Atualmente, por falta de espaço e segurança nas ruas, os jogos e brincadeiras na vida das crianças tem se limitado ao espaço da escola, pois até mesmo em casa as crianças têm sofrido influência da mídia e dos brinquedos eletrônicos e quando não é isso, é a falta de tempo da criança que tem atividades programadas para o dia todo (natação, inglês, judô, etc.) que não lhe sobra tempo para brincar, restando apenas o espaço da escola. Preenchido por obrigações e deveres, o tempo e o espaço para a criança brincar e criar estão cada vez menores, impedindo-as de se tornarem autônomas e de fazerem suas descobertas (Lira, 2012, p. 4).

As nossas crianças não têm mais espaço para brincar em casa, pois ou estão sozinhas ou não têm oportunidade para tal atividade. Elas acabam tendo somente o espaço escolar para isso. Mas a brincadeira na escola não é somente para lazer, porque por meio dela a professora traçou seus objetivos. Então, além de se divertirem, elas aprendem o conteúdo escolar por meio do lúdico.

As escolas de educação infantil devem ampliar essas oportunidades para as crianças. Seus espaços devem estar organizados para proporcionar às crianças esses momentos e essas atividades sem problemas e/ou perigos.

Sobre o desenvolvimento das crianças da educação infantil, Santos (2011, p. 42) diz que

> Vygotsky (1984) atribui relevante papel ao ato de brincar na constituição do pensamento infantil. É brincando, jogando que a criança revela seu estado cognitivo, visual, auditivo, tátil, motor, seu modo de aprender e de entrar em uma relação cognitiva com o mundo de eventos, pessoas, coisas e símbolos.

É nesta fase que a criança mais brinca, então, o professor precisa ter essa atenção no que diz respeito ao seu planejamento das atividades e as estratégias que melhor se apliquem ao alcance dos objetivos de aprendizagem, sabendo que mesmo nas brincadeiras livres há regras, e que por meio delas a criança coloca sua imaginação em ação.

CONSIDERAÇÕES FINAIS

A ludicidade na educação infantil é de extrema importância para o desenvolvimento da criança nesta etapa de sua vida escolar, não como forma de brincar, de lazer, mas também como uma forma de desenvolver suas potencialidades e habilidades.

Este breve estudo sobre a importância da ludicidade na educação infantil mostrou o quanto as estratégias escolhidas e adotadas pelos professores são importantes no desenvolvimento da aprendizagem das crianças. Portanto, é necessário ressaltar que o lúdico proporciona um desenvolvimento integral da criança, estimulando as áreas no âmbito social, cognitivo, afetivo e motor.

O brincar faz parte da criança, é inerente à sua natureza infantil, portanto faz-se necessário no planejamento das atividades na educação infantil. O lúdico é tão importante nesta fase da vida da criança como o ar que ela respira. Todas as atividades têm de ser prazerosas, as brincadeiras tornam os aprendizados escolares mais leves, não cabe aqui o tradicional.

O presente trabalho mostrou a importância do lúdico na aprendizagem das crianças, para que sejam desenvolvidos seus valores, sua autonomia, respeito pelos outros, laços de afetividade e solidariedade entre eles.

Portanto, o professor da educação infantil precisa estar sempre revendo sua prática e dar maior importância ao lúdico na preparação de suas aulas, pois não cabe um trabalho na linha tradicional para a educação infantil; mas a busca de estratégias que ajudem no desenvolvimento do aluno em sua totalidade, assim como dar significação e sentido para as aprendizagens das crianças. Que a escola seja um lugar divertido, leve e atraente para elas.

REFERÊNCIAS

ABREU, J. M. Breves reflexões em torno do Jogo Pedagógico e a Expressão Plástica para a motivação nas aprendizagens escolares – contributos de um Projeto Curricular Integrado. **Sensos-e**, v. V, n.1, p. 42-53, 2017. Disponível em: http://hdl.handle.net/1822/54626. Acesso em: 20 jun. 2018.

BRASIL. Ministério da Educação. **Referencial Curricular Nacional para a Educação Infantil**. Introdução. v. I. Brasília: MEC/SEF, 1998.

BRASIL. Ministério da Educação. Secretária da Educação Básica. Diretoria de Currículos e Educação Integral. **Diretrizes curriculares nacionais gerais da educação básica**. Brasília: MEC, 2013.

BROUGÈRE, G. **Brinquedo e cultura**. 2. ed. São Paulo: Cortez, 1997.

BROUGÈRE, Gilles. A criança e a cultura lúdica. **Dossiê Rev. Fac. Educ.**, v. 24, n. 2, jul. 1998. Disponível em: https://doi.org/10.1590/S0102-25551998000200007. Acesso em: 17 nov. 2023.

CAMPOS, Maria Célia Rabello Malta. **A importância do jogo no processo de aprendizagem**. Disponível em: http://www.psicopedagogia.com.br/entrevistas. Acesso em: 13 out. 2023.

CARDOSO, M. C. **Baú de memórias**: representações de ludicidade de professores de educação infantil. 2008. 170 f. Dissertação (Mestrado em Educação) – Universidade Federal da Bahia, Salvador, 2008.

CONCEIÇÃO, Ana Paula Silva da. **O lúdico no currículo da educação infantil**: debates e proposições contemporâneos. 2004. 103 f. Dissertação (Mestrado em Educação) – Universidade Federal da Bahia, Salvador, 2004.

FRIEDMAN, Adriana. **O brincar na educação infantil**: observação, adequação e inclusão. São Paulo: Moderna, 2012.

KISHIMOTO, T.M. O brinquedo na educação: considerações históricas. **Ideias** 7, FDE, n.7, p. 39-45, 1990.

LUCKESI, C.C. **Ludicidade e atividades lúdicas**: uma abordagem a partir da experiência interna. 2005. Disponível em: www.luckesi.com.br. Acesso em: 30 jun. 2022.

PIAGET, J. **A formação do símbolo na criança**: imitação, jogo e sonho; imagem e representação. Rio de Janeiro: LTC, 1990.

RAU, M. C. T. D. **A ludicidade na educação**: uma atitude pedagógica [livro eletrônico]. Curitiba: Intersaberes, 2012.

TEIXEIRA, K. L. **O universo lúdico no contexto pedagógico** [livro eletrônico]. Curitiba: Intersaberes, 2018.

VIGOTSKY, L. S. **Pensamento e linguagem**. São Paulo: Martins Fontes, 1993.

VIGOTSKY, L. S. **A formação social da mente**: o desenvolvimento dos processos psicológicos superiores. 7. ed. – São Paulo: Martins Fontes, 2007.

A educação não pode ser delegada somente à escola. Aluno é transitório. Filho é para sempre.

(Içami Tiba)

FAMÍLIA, ESCOLA E ALUNO: PARA ALÉM DA SALA DE AULA

Michele Kiffer Coelho Cruz

INTRODUÇÃO

Ser professor já foi o sonho de muitas crianças em alguma fase da vida, e isso era demonstrado em grupinhos na tradicional brincadeira de escolinha. Cadernos usados passaram a ser a maior diversão naquele momento criativo. Em meio a lápis, borrachas e tudo que pudesse ser utilizado ou adaptado, o cenário simbólico era completo. O professor ainda era a figura central dessa brincadeira!

A ludicidade de uma brincadeira de sala de aula, em alguns casos, era tão marcante que significava fator preponderante para a escolha de uma carreira. Esse foi o curso natural de muitos profissionais da educação que chegaram às universidades e se "preparavam". Com a passagem de cada semestre, o sonho de formatura tornou-se mais próximo. Com diploma em mão, um único sentimento: E AGORA? SOU PROFESSOR!

Vivemos todos esse processo, formei-me na Universidade Estadual Norte Fluminense (UENF), no curso de Ciências Biológicas, após cinco anos de estudos. A tão sonhada formatura foi um misto de conquista, realização, sonho, memória afetiva e desafios de quem escolheu uma das carreiras que mais exigem dedicação, empatia, criatividade e talento. Não são raras as habilidades exigidas ao regente de turma e isso se reflete no número de especializações oferecidas em todo o Brasil, para enfrentar diversas questões de classe e extraclasse.

Os primeiros desafios dos recém-formados

Em todas as profissões existem desafios e expectativas de como serão os primeiros dias na profissão; o medo, sintomas de ansiedade, insegurança, entre outros sintomas que aparecem sem ser convidados. O primeiro dia de aula de um professor que nunca foi titular, ou que ainda não tem experiência, é assustador. Não importando o tamanho da turma, o fechar da porta é um misto de sensações. As expectativas são nas duas vias, aluno-professor e professor-aluno, mas com o passar dos dias, vínculos vão sendo criados e laços sendo estabelecidos. Ficamos íntimos dos alunos e sabemos de muitas histórias contadas por eles. O professor, sem dúvidas, tem um ouvido aguçado e olhos observadores. O pânico, aos poucos, dando lugar ao profissionalismo e a brincadeira de infância, agora é de verdade.

Família e escola uma parceria que gera resultado positivo

A família é o primeiro grupo social em que a criança convive e aprende. A casa é o local onde são aprendidas as primeiras regras de conduta, principalmente pela reprodução do comportamento de seus pais ou responsáveis. A partir da segunda infância, a família ainda é o núcleo de todos, porém nessa idade a criança começa a ter novos interesses e a fazer parte de outros grupos. Com o passar do tempo e com o aumento das experiências, a criança vai cada vez mais absorvendo informações e, ao longo de seu desenvolvimento, formando suas memórias e, simultaneamente, personalidade e caráter. A base sólida e o porto seguro nessa fase continua sendo a família!

O início da puberdade marca a fase de transição entre a infância e a vida adulta. Nessa etapa, também conhecida como adolescência, uma base familiar forte e compreensiva acaba por amortecer os impactos de tamanhas transformações, inclusive da chuva de hormônios estimuladores, que torna tudo muito desafiador para os que convivem com o adolescente.

Aliado a todas as transformações ocorridas na vida do educando, o fator tecnológico surge como um agravante no processo de ensino-aprendizagem, quando existem algumas lacunas que deveriam ser preenchidas pela família – como dar limites de tempo nas mídias e monitorar páginas e conteúdos, além de jogos viciantes que encantam e atraem cada dia mais esse público.

Os reflexos da permissividade e do descontrole sobre uso de mídias vêm impactando profundamente o desempenho escolar do aluno e o cotidiano do professor. Surgem novos desafios, novas problemáticas que há décadas passadas eram dificilmente detectadas, e que agora parecem fazer parte da rotina do professor, como relatou a pedagoga Natana Eduarda:

> Ao longo desses dez anos de docência, é possível notar uma diferença nas crianças a respeito do comportamento em sala de aula e, principalmente, a relação com o docente.

A docência nunca foi fácil, porém ao longo desses anos têm sido desafiador. Mesmo com a evolução da tecnologia, os avanços nos estudos em relação à inteligência socioemocional, a discussão sobre os transtornos psicológicos e comportamentais, nota-se uma necessidade que esses avanços também se façam presente no dia a dia da escola.

Iniciei a docência no ano de 2013 e estende-se até hoje. Obviamente não podemos generalizar, porém é notável uma mudança de comportamento por parte dos estudantes, principalmente em relação ao professor.

Entende-se que a relação professor-aluno é uma dualidade que requer confiança de ambas as partes. Nessa relação, o diálogo se torna um dispositivo analisador principal para que ambas as partes se compreendam e formem combinados, nas quais favoreçam a melhor convivência em sala de aula.

Se o diálogo não ocorre, não há uma relação de confiança entre professor-aluno, logo não há combinados, ocasionando assim a indisciplina em sala de aula. O professor sente dificuldade de cumprir o seu papel de facilitador de aprendizagem, utilizando a maior parte de sua carga horária chamando mais a atenção de seus alunos do que ensinando.

Nos anos anteriores, os minutos reservados na aula para a reflexão sobre o comportamento da turma era eficiente em relação à indisciplina. Atualmente, trata-se de momentos gastos com monólogos, no qual a turma não interage, assim como não cumprem a sua parte nos combinados.

Há também um declínio em relação ao respeito entre os colegas de turma e o professor. As agressões verbais são ditas de uma forma naturalizada. Existe uma falta de empatia com o próximo, que provoca uma reflexão no professor sobre os valores que os responsáveis estão passando para os seus filhos.

Além da relação professor-aluno, há também a relação pais-professor-aluno. Essa relação também está direcionada em prol do bem comum – a evolução do aluno. Para que essa relação funcione, é preciso ter confiança, diálogo e respeito entre ambos. Ou seja, para que o aluno aprenda esses valores, eles precisam ver os seus responsáveis praticá-los.

Caso uma dessas partes rompa ou não funcionem bem, o principal prejudicado será o aluno. Por mais que o professor se dedique, se envolva com as questões que o aluno apresenta.

Se há desrespeito por parte dos responsáveis em relação ao professor, o aluno também irá reproduzir essa ação, e em consequência disso, corroborando indiretamente na indisciplina em sala de aula.

Ou seja, constrangimentos, invalidação do seu trabalho, ameaças que o professor tanto presencia em sala de aula, provavelmente, nascem da percepção equivocada e desrespeitosa por parte dos responsáveis.

Na percepção de uma docente, que está amadurecendo no magistério, uma possível solução de lidar com a indisciplina em sala de aula, seria aprofundar a relação com os responsáveis para criar um espaço de reflexão sobre o comportamento dos alunos. Essa busca pela parceria, com base no respeito e confiança trarão benefícios não somente para o professor em sala de aula, que poderá ensinar, mas também para os alunos que poderão aprender. Pois assim, constituirá um ambiente escolar agradável para ambos.

Diante desse relato, é possível entender que a criança ou adolescente é o reflexo de seu aprendizado no seio familiar. Eles acabam por reproduzir em sala de aula, ou até mesmo com seus colegas, tudo o que faz parte do seu cotidiano. Caso não lhes sejam ensinados valores, não irão aprendê-los. Isso não é regra, mas é uma tendência observada por diferentes profissionais, logo, a educação familiar é um fator importante na criação dos futuros cidadãos.

FAMÍLIA X COMPORTAMENTO

Com o cenário do que chamamos de "caos comportamental" na sala de aula, foi feita uma pesquisa nas diferentes escolas em que leciono com alunos de diferentes faixas etárias. Tínhamos o maior laboratório ao alcance e uma diversidade sem igual! Então combinamos que: na hora da chamada, quando eu dissesse o nome do aluno, ele responderia com a frase que mais ouvia de sua mãe; começamos com frases de mãe, depois frases de pai e, por fim, frases de avó(ô).

É comum alunos que não têm todos os membros da família presentes no lar, e, além disso, sempre há os que preferem responder à chamada com o famoso "presente". Assim, começamos a pesquisa e muitas descobertas. A cada resposta, fui observando que o comportamento dos alunos refletia algum desajuste familiar, como em alguns casos de pais em processo de divórcio e a baixa de empenho escolar repentina. Também observamos crianças com perdas na família, por falecimento, que se fechavam e demonstravam atitudes mais introspectivas.

É inegável que a comunidade familiar desempenha papel crucial no desenvolvimento psicossocial da criança. A família é o primeiro convívio social de uma criança e elas observam e aprendem sobre tudo que está à sua volta. A partir disso, irão refletir sobre hábitos e costumes com o próximo grupo social que é a escola. Eles agem e repetem tudo que vivem dentro dos seus lares, com seus colegas de classe e até mesmo com os professores e outros funcionários da escola. Sendo assim, é preciso ter um olhar mais atento para o conjunto de informações e ações que recebem.

Então, vamos começar?

Frases de mãe, qual é a sua?

Frase 1: Você não é todo mundo!!

Esta é a campeã e inclusive era a minha também quando ainda morava com meus pais. Parece uma frase sem muito sentido quando somos novos e ainda na fase de amadurecimento. Geralmente essa frase é usada pelo responsável quando a criança ou o adolescente pede pra ir a um determinado lugar e completa assim: – Mas, mãe, todo mundo vai! E a resposta todos nós já sabemos, pois um dia também a ouvimos: – *Você não é todo mundo!*

Lógico que essa resposta não é bem-aceita, porém é obedecida. Já ouvi relatos de alunos que falaram assim: "Mãe, não vou fazer o dever de casa porque ninguém faz!" Já sabem a resposta né (risos)? VOCÊ NÃO É TODO MUNDO!

Com alunos desse perfil, dificilmente temos problemas com indisciplina, ausência nas aulas. Em geral, são organizados com o caderno, mantendo sempre a matéria e as atividades em dia. A Psicologia aponta que pais presentes e que participam da vida escolar dos alunos, produzem filhos mais equilibrados e responsáveis.

Usarei um nome fictício para citar uma aluna exemplar que tive, a "Carol". Dei aula para ela ao longo de três consecutivos anos, do 6.º ao 8.º ano, e foi verificado que era uma aluna fruto de pais presentes e que nem sempre faziam o que o filho queria, mas proporcionaram diálogo e conversas. Os pais sempre presentes nas reuniões, eventos na escola, sempre em contato com os professores. Eu já observava o comportamento de Carol havia algum tempo e, ao conhecer seus pais, percebi como a interferência deles no processo de ensino-aprendizagem gerou uma filha com bom rendimento.

Acredito que a serenidade de seus pais também gerou uma filha mais segura e tranquila. Crianças que convivem com lares conflituosos e com violência, ainda que verbal, apresentam padrões de comportamento bem diferentes de outras crianças que não passam por tais questões. Vale a pena ressaltar que os filhos refletem os seus pais ou responsáveis; absorvem de tudo que é falado. É preciso fazer para que o exemplo seja passado adiante.

Frase 2: Você não faz nada que presta!

Confesso que essa frase me marcou muito, mas me trouxe respostas para um comportamento que para mim parecia uma incógnita. Vou dar um nome fictício para essa aluna que aqui chamarei de Ellen. Imagina uma aluna exemplar, isso mesmo, aluna que eventualmente falta, mas depois coloca a matéria toda em dia, educada, gentil, de uma família presente e aparentemente perfeita. Pois bem assim é o contexto familiar de Ellen.

Quando chegava no dia de prova ela entrava em pânico e eu nunca entendia o porquê. Ellen em um belo dia tirou uma nota baixa e passou muito mal na sala e o que falava constantemente era: como vou apresentar essa nota para meus pais? Tentei consolá-la, porém foi em vão.

Comecei a entender alguns pontos quando ela respondeu à chamada com esta frase: "você não faz nada que presta!". Essa era a frase que ela ouvia constantemente de sua mãe, e isso trouxe para ela um peso muito grande em busca de aprovação em tudo o que fazia. Tinha que ser sempre a melhor nota para levar para casa, porque a frase que tinha gravado no inconsciente era essa. Temos que ter muito cuidado com o peso das palavras que são lançadas sobre a vida de nossos filhos ou qualquer pessoa que esteja próxima a nós, pois não sabemos com que intensidade as palavras proferidas serão absorvidas e guardadas nem tampouco que consequência emocional poderá causar no desenvolvimento psicoemocional, com reflexos na autoconfiança e na autoestima.

Ellen era uma menina muito especial, meiga e tão delicada, que quem a conhecia se encantava, mas tornou-se uma adolescente ferida por palavras vindas de alguém tão próximo. Não estou dizendo que filhos não devam ser corrigidos, mas que estes precisam ser educados com sabedoria, diálogo e respeito, em um ambiente saudável e que, certamente, produzirá um aluno que transmita ações e atitudes de respeito.

Frase 3: Cala a sua boca!

Difícil entender que dentro do ambiente escolar essa frase possa ser dita por alunos e professores. Mais difícil ainda é conceber que dentro de casa dizê-la foi naturalizado. Como um aluno bem disse: – *Tia isso é normal, meus pais falam comigo o tempo todo!*

É muito agressivo para uma criança, adolescente ou até mesmo um adulto ouvi-la. Sob essa perspectiva, o diálogo já acabou. Os alunos/filhos entendem que essa frase põe fim a todo tipo de conversa indesejada e que o assunto se encerra. Pais que agem dessa forma estão demonstrando que não têm controle emocional o suficiente para conduzir um diálogo de forma pacífica e rico em aprendizado, ao contrário, seus filhos farão igual a eles quando não conseguirem argumentar.

Frase 4: Largue esse celular e venha me ajudar!

Na era da tecnologia essa frase não poderia faltar, e com ela podemos perceber que os adolescentes, jovens e adultos estão passando a maior parte do tempo "conectados" ou "desconectados". Com o avanço tecnológico, os alunos estão conectados a maior parte do tempo, mas desconectados do mundo real e, como consequência, dos estudos. Dispostos a jogar por horas a fio, mas com nenhum interesse em pesquisas relevantes ou em estudos manuais, no bom e velho livro. Não é de se estranhar que escolas ao redor do mundo estão retornando aos métodos tradicionais de ensino, a escrita e a leitura em papel? Que pais que desenvolvem tecnologias de ponta, busquem escolas lúdicas e sem tecnologias, como os pais engenheiros do Vale do Silício? O que estes pais sabem que não estamos sabendo?

Cada dia que passa os alunos estão mais cansados, agitados, dormindo em sala de aula, desinteressados, pois já receberam tantos estímulos que se sentem esgotados. As questões hormonais têm sido gravemente afetadas pelo mau uso dos *smartphones*, e eles nem percebem, mas estão MATANDO uma molécula importantíssima que nosso organismo produz, a melatonina, o hormônio que induz e mantém o sono. Esse hormônio é produzido pela glândula pineal – uma estrutura localizada no centro do cérebro, cuja função é estabilizar o sono no ciclo circadiano (relógio biológico do organismo), regulado pela luz do sol.

Na ausência da luz, a retina envia sinais para o cérebro fazendo com que a glândula pineal libere a melatonina (hormônio do sono), preparando o organismo para o ciclo do sono. Por isso, a exposição às telas antes de dormir são tão prejudiciais ao organismo. No mínimo, os aparelhos devem ser desligados uma hora antes do horário de dormir, por exemplo, quem tem o hábito de dormir às 22 horas, deve desligar seus aparelhos eletrônicos às 21 horas.

Outro fator muito importante que está acontecendo com o uso exagerado das telas é o aumento de problemas de visão e problemas posturais que tendem a ser agravados com o passar do tempo.

Saindo um pouco da questão saúde, quero entrar no campo das tarefas que estão deixando de ser executadas por distração na internet. Com horas consumindo outro hormônio do prazer, a Dopamina, liberada ao passarem por telas que a estimulam cada vez mais. Os pais estabelecem tarefas que não são cumpridas, com isso, a irresponsabilidade está ganhando espaço, pois a responsabilidade é aprendida nas pequenas tarefas; ao longo do tempo, ganham mais tarefas e responsabilidades, mas esse processo está se tornando disruptivo, o que vem gerando desgastes e conflitos na relação familiar.

Frase 5: Sua vaca!

Pois é, é isso mesmo que você está lendo! Ao chamar a aluna pelo nome, foi essa a resposta que recebi. Logo respondi: – É sério isso? Ela respondeu: – *Sim, tia, minha mãe grita comigo e me chama de vaca.* Quando eu olho para essa criança ("Pietra" nome fictício), meu coração não aguenta, pois ela é uma menina doce. Estou trazendo à memória, nesse exato momento, o seu rostinho meigo e que muitas vezes eu a vi chorar.

Poderíamos escrever tantas frases ouvidas de meus alunos, no apanhado das célebres *"frases de mães"*, selecionamos apenas algumas. Um fato que nos chamou a atenção foi que, nos quase 200 alunos ouvidos, nunca ouvi um EU TE AMO! Isso foi assustador quando finalizei e nenhum filho ouve constantemente um *eu te amo* de sua mãe. Existem várias formas de demonstrar o amor, mas dependendo do momento, ouvir é muito importante.

Frases de pai, qual é a sua?

Essa foi a parte mais interessante, mais leve e teve um peso muito diferente. Com os meninos, os pais questionam sobre as " namoradinhas" e se já estavam gostando de alguém nas escola, outra frase que foi muito legal é: – *Quero o boletim!* Essa eles me contaram que o pai já fala estendendo a mão e não tem pra onde fugir, e o castigo é certo.

O relacionamento dos pais com as meninas foi incrível, inclusive a Pietra me relatou que era chamada de princesa, filha amada, entre outros tratamentos cordiais. Pelo que analisei com as falas deles é que o pai não gritava, falava apenas uma vez. Quando pais estão presentes, há uma maior colaboração para alinhamento de diversas questões relacionadas à educação e à formação da criança. Durante muito tempo observei que a figura paterna na vida acadêmica do aluno desempenha um papel específico, causando um maior temor caso seja solicitada a presença do pai na escola. Por conviverem a maior parte do tempo com a mãe, e mães falam um pouco mais e o tempo todo, isso de certa forma já soa familiar à rotina de alunos, que acabam associando o muito falar como parte do dia a dia. Sendo assim, se a mãe for chamada para comparecer na escola por algum motivo, ele já treinou o seu cérebro a aceitar que a mãe fala muito.

Agora diferentemente de nós, mães, os pais falam pouco, firmes e dificilmente voltam atrás, então esse aluno sabe que, se o pai ou outro representante qualquer for chamado, a situação poderá repercutir em diferentes resultados.

Frases de avós

Quando chegamos ao final da pesquisa, encontramos o "oásis" de crianças e dos adolescentes. Existe uma experiência afetiva e emocional diferenciada quando observamos o relacionamento estabelecido entre avós e netos. A neurociência pode nos explicar de modo científico, algo que acontece no campo das emoções e é exteriorizado em forma de muito amor e compreensão.

Em estudo realizado pelo antropólogo e professor de ciências comportamentais James Rilling, da Emory University de Atlanta, foram selecionadas 50 avós e as mesmas foram submetidas ao exame de ressonância magnética funcional, para medir o fluxo sanguíneo cerebral. Nesse experimento, as avós visualizaram as imagens dos netos biológicos, filhos, noras, genros e crianças desconhecidas, assim como adultos conhecidos, gerando um mapeamento.

De acordo com os registros em imagens, as avós tiveram uma reação maior ao olhar as fotos dos netos biológicos do que ao olhar as demais imagens; houve um estímulo cerebral maior na área relacionada à empatia emocional e à motivação. Para Rilling, a "Empatia emocional" está relacionada com a capacidade de sentir as emoções de outra pessoa. Já a "Empatia cognitiva" é entendida como a capacidade de compreender o que o outro possa estar pensando ou sentindo e o porquê. Segundo o pesquisador, por mais que as avós tenham a empatia cognitiva ao olharem para seus filhos, parecendo até mesmo serem programadas para decifrarem seus filhos, ainda que adultos, elas estão mais voltadas a desenvolver uma resposta emocional quando se trata de seus netos, como se estivessem conectados em uma mesma frequência.

CONSIDERAÇÕES FINAIS

Com o trabalho desenvolvido com os alunos, pude perceber que o afeto que falta em muitos pais, eles poderão encontrá-lo em seus avós, caso os tenham. Ao falar de seus avós, percebemos que olhinhos brilhavam, sentindo-se amados e protegidos.

O trabalho demonstrou o importante papel da família na formação do aluno durante o processo de escolarização do educando. Alunos que recebem atenção efetiva da família apresentam melhores resultados em seus desempenhos no aprendizado e na socialização. Por outro lado, a vida do docente é facilitada quando alunos aprendem em casa as formas de viver em sociedade, trazendo consigo os valores morais e éticos que são tão importantes para o convívio social. Por fim, a afetividade e empatia são tão importantes quanto os conteúdos ensinados e apreendidos – esses sentimentos e atitudes nos farão formadores de cidadãos plenos.

REFERÊNCIA

CLARK, Carol. **Como o cérebro das avós reage ao verem os netos**. Emory University, Atlanta. 2001. Disponível em: https://news.emory.edu/stories/2021/11/esc_grandmothers_brain_reaction_grandchildren_rilling_lee_17-11-2021/campus.html. Acesso em: 9 out. 2023.

SOBRE OS AUTORES

Thais Nascimento de Araujo (organizadora)

Doutora em Ciência da Informação pela Universidade Federal Fluminense (UFF), mestra em Ciência Ambiental pela UFF, graduada em Geografia pela UFF, em Pedagogia pelo IBRA e bacharela em Teologia pelo Centro Interdenominacional de Teologia do Estado do Rio de Janeiro (CITERJ). Especialista em Neuropsicopedagogia pelo IBRA. Escritora. Professora da Rede Estadual de Ensino (SEEDUC-RJ) e da Rede Particular de Ensino. Coordenadora do Mestrado em Ciência da Religião e em Teologia Bíblica Cristã do CITERJ.

Orcid: 0009-0008-4080-1853

Edinaide Gomes Pimentel da Silva

Especialista em Raças e Etnias em Educação pela Universidade Federal Fluminense (UFF). Mestra em Ciência da Religião pelo Centro Interdenominacional de Teologia do Estado do Rio de Janeiro (CITERJ). Graduada em Pedagogia pela UFF. Professora da Rede Municipal da Cidade do Rio de Janeiro.

Orcid: 0009-0006-1353-8426

Eduarda Ferreira Zacarias Silva

Especialista em Docência na Educação Infantil e Anos Iniciais e em Educação Física Escolar pelo Centro Universitário Celso Lisboa. Graduada em Educação Física pela Universidade Federal de Juiz de Fora (UFJF). Professora da Rede Municipal de Ensino de Maricá-RJ. Mestranda em Teologia Bíblica Cristã pelo Centro Interdenominacional de Teologia do Estado do Rio de Janeiro (CITERJ).

Orcid: 0009-0009-4185-5877

Maria Jerônimo Ribeiro do Nascimento

Especialista em Educação pela Universidade Federal Fluminense (UFF) e em Tutoria EaD pelo Centro Universitário Internacional (UNINTER). Graduada em Pedagogia pela UFF e em Letras pela Universidade Estácio de Sá. Bacharela em Teologia pelo Centro Interdenominacional de Teologia do

Estado do Rio de Janeiro (CITERJ). Mestranda em Teologia Bíblica Cristã pelo CITERJ. Professora da Rede Estadual de Ensino (SEEDUC-RJ) e da Rede Particular de Ensino.

Orcid: 0009-0001-7574-5694

Marcelo de Araújo Eliseu

Cronista. Escritor de Histórias Infantis. Graduado em Direito. Servidor Público do Estado do Rio de Janeiro. Livre Docência em Química, Física e Matemática.

Orcid: 0009-0006-6793-1688

Michele Kiffer Coelho

Especialista em Ensino de Ciências e Biologia pela FACUMINAS-EaD. Graduada em Ciências Biológicas pela Universidade Estadual do Norte Fluminense (UENF). Professora da Rede Privada de Ensino.

Orcid: 0009-0009-1345-0290

Patrícia Sousa de Souza

Mestranda Profissional em Avaliação pela Fundação Cesgranrio. Graduada em Letras pela Universidade Gama Filho (UGF). Graduanda em Ciência da Felicidade pela Unicesumar. Docente Formadora da SEEDUC-RJ. Especialista em Empreendedorismo para o Ensino Médio e Gestão do Trabalho Pedagógico.

Orcid: 0009-0006-4450-4341

Tamyres Jerônimo Andrade

Graduada em Pedagogia pelo Centro Universitário Internacional (UNINTER). Docente e Especialista em Educação Infantil.

Orcid: 0009-0007-2627-0016

Thaís Mota Batista Teixeira

Graduada em Pedagogia pelo Centro Universitário Internacional (UNINTER). Terceiro Sargento da Marinha do Brasil (3SG-TC).

Orcid: 0009-0007-3208-6530